Tom Loud

Die Kraft des Reiches Gottes freisetzen

Tom Loud

Die Kraft des Reiches Gottes freisetzen

Fünf Schlüssel zu vollmächtiger Heilung

GloryWorld-Medien

2. Auflage 2024

Bibelzitate sind, falls nicht anders gekennzeichnet, der Elberfelder Bibel, Revidierte Fassung von 2006 entnommen. Hervorhebungen stammen vom Autor.
Weitere Bibelübersetzungen:

GNB: Gute Nachricht Bibel, 2002
LUT: Lutherbibel, Revidierte Fassung von 2017
NeÜ: Neue evangelistische Übersetzung © 2013 Karl-Heinz Vanheiden
NLB: „Neues Leben. Die Bibelübersetzung", Holzgerlingen, 2017
REÜ: Einheitsübersetzung, revidierte Fassung von 2016
SLT: Schlachter 2000

Das Buch folgt den Regeln der Deutschen Rechtschreibreform. Die Bibelzitate wurden diesen Rechtschreibregeln angepasst.

Betonungen sind vom Autor.

Übersetzung/Satz: Manfred Mayer
Umschlaggestaltung: Jens Neuhaus, www.7dinge.de
Umschlagmotiv: Pixabay

Printed in Germany

ISBN: 978-3-95578-626-7
Bestellnummer: 356626

Erhältlich beim Verlag:

GloryWorld-Medien
Beit-Sahour-Str. 4
D-46509 Xanten
Tel.: 02801-9854003
Fax: 02801-9854004
info@gloryworld.de
www.gloryworld.de

oder in jeder Buchhandlung

Stimmen zum Buch

Tom Loud ist seit vielen Jahren einer meiner persönlichen Helden und Freunde. Ich habe sehr viel durch seinen YouTube-Kanal gelernt – dort kann man sehen, wie er ganz konkret für Jesus lebt –, und jetzt auch von ihm als Autor. Ich konnte dieses Buch nicht aus der Hand legen. Jedes Kapitel ist gespickt mit unglaublicher Weisheit, Ermutigung und Bevollmächtigung zum Dienst. Tom macht kristallklar, was Jesus für uns getan hat und was er durch uns tun will. Die Wundergeschichten werden dir Tränen in die Augen treiben, und was er lehrt, wird die Grenzen deines Denkens sprengen. *Die Kraft des Reiches Gottes freisetzen* ist ein Muss für jeden Gläubigen, der Jesus der Welt offenbar machen will!

Jason Chin, Gründer von *Love Says Go Ministries*

Das Buch *Die Kraft des Reiches Gottes freisetzen* vertreibt die gesamte Komplexität und Verwirrung aus einem Bereich, mit dem die institutionelle Kirche seit Generationen zu kämpfen hat. Dies ist eines der Bücher, die keine Theorie enthalten, sondern mächtige Wahrheiten, die Tom selbst praktiziert und umgesetzt hat. Toms Stil lässt uns diese Wahrheiten gut nachvollziehen und leicht begreifen. Ich fühle mich durch dieses Buch gedemütigt und herausgefordert. Ich glaube, dass es Zweifel zerstören und den Lesern helfen wird, ganz in Gottes Wahrheit zu leben.

Pete Cabrera Jr.
Evangelist und Leiter der *Royal Family International University*

Die Kraft des Reiches Gottes freisetzen wird dich davon überzeugen, dass Gottes wunderbare Macht allen zur Verfügung steht, die zu glauben wagen. Hol dir dieses Buch. Lies es, wende es an und erlebe, wie Gott sich manifestiert!

David Stewart,
Gründer und Pastor der *Arizona Healing Rooms*

Inhalt

Ich widme dieses Buch meiner Frau Paula
und meiner Schwiegermutter Maria.
Danke für eure unerschütterliche Liebe,
Unterstützung und Gebete in all den Jahren,
seit ich im Vollzeitdienst bin.

Einführung

In meinem Dienst hat Gott schon Tausende von Heilungswundern vollbracht. Jedes Mal, wenn ich mich auf den Weg mache, um Menschen Heilung zu bringen, erlebe ich, dass auch welche geheilt werden. Meine Erfolgsquote liegt zwischen 70 und 80 %. Wenn ich also für jemanden bete, dass er geheilt wird, geschieht das auch in 70 bis 80 % der Fälle. Das liegt natürlich nicht daran, dass ich etwas Besonderes bin. Wenn du an Jesus glaubst, kannst du die gleichen Ergebnisse erzielen. In diesem Buch werde ich erläutern, wie du mit der gleichen Erfolgsquote Heilungswunder bewirken kannst. Aber zuerst möchte ich dir ein paar Hintergrundinformationen zu meinem Lebensweg geben.

Meine Glaubensreise

Mit 17 Jahren hatte ich den großen Ehrgeiz, der nächste Bruce Lee zu werden. Es war mein brennendes Anliegen, den Status eines bekannten Kampfsportlers zu erreichen.

Das war alles, was ich wollte, und deshalb trainierte ich Tag und Nacht, um dieses Ziel zu erreichen. Kampfsport und das Streben nach Ruhm waren meine großen Leidenschaften. Doch dann kam etwas, das den Lauf meines Lebens völlig veränderte: Ich begegnete Jesus Christus.

Ich bin nicht in einer christlichen Familie aufgewachsen. Das Einzige, was ich über Gott wusste, war das, was mir ein katholischer Freund einmal gesagt hatte. Er hatte mir erklärt: „Du kannst nicht in den Himmel kommen, wenn du nicht getauft bist." Das war alles, was ich an theologischer Ausbildung hatte. Doch im Alter von 17 Jahren änderte sich alles.

Die Stadt, in der ich aufgewachsen bin, war nicht das, was man als ethnisch vielfältig bezeichnen würde. Während ich als

Abräumer in einem Restaurant arbeitete, traf ich zum ersten Mal einen Schwarzen. Sein Name war Tom, genau wie meiner. Er kam aus einer völlig anderen Welt – einer Welt, die mir gänzlich unbekannt war. Ich war mir nicht einmal bewusst, dass diese Welt existierte.

Ich fing an, Tom ein wenig kennenzulernen, und er sagte, dass wir uns eines Tages nach der Arbeit unterhalten sollten. Er wollte mir von einigen merkwürdigen übernatürlichen Dingen erzählen, von denen ich noch nie gehört hatte. Ich war neugierig, also habe ich den Köder geschluckt und mich nach der Arbeit mit ihm unterhalten.

Das Gespräch mit meinem Freund Tom war anders als alles, was ich je erlebt hatte. Rückblickend stelle ich fest, dass mir zum ersten Mal in meinem Leben jemand die Botschaft des Evangeliums erklärt hat. Etwas in mir – eine Art Sehnsucht, ein tiefes Verlangen und ein unstillbarer Durst – begann zu wachsen. Ich hatte den Wunsch, mehr zu erfahren, und stellte immer mehr Fragen. Ich hörte ihm aufmerksam zu, und er erzählte mir von Dingen, die nicht von dieser Welt waren. Ich saß schockiert da und konnte kaum glauben, dass ich noch nie von solchen Dingen gehört hatte.

Tom erzählte mir von der Taufe im Heiligen Geist und dem Sprechen in Zungen. Dann gab es noch einige andere Aussagen, die für mich die Grenzen der Glaubwürdigkeit sprengten. Trotzdem wollte ich mehr hören.

Als Nächstes sagte er mir, dass ich meine Sünden bereuen und mich zu Jesus bekehren müsse, wenn ich gerettet werden wolle. Diese Begriffe waren mir sehr fremd, aber bevor ich mich versah, kamen diese Worte aus meinem Mund: „Das ist es, was ich brauche. Bitte zeige mir den Weg."

Tom lud mich ein, am nächsten Sonntag mit ihm in seine Kirche zu gehen. Wie sich herausstellte, war sein Vater der Pastor einer rein schwarzen Pfingstgemeinde. Ich sagte, dass ich kommen würde, wollte aber, dass er mir, wenn möglich, einen Gefallen tat. Da ich mich daran erinnerte, was mein katholischer Freund über die Notwendigkeit der Wassertaufe gesagt hatte, fragte ich Tom, ob er seinen Vater dazu bringen könne, mich kostenlos zu taufen, da ich ja so etwas wie Toms Kollege war.

Tom sagte mir, er sei sich sicher, dass er das hinbekommen würde! Und plötzlich war ich der einzige Weiße in einer schwarzen Pfingstgemeinde, der in Zungen sprach und Jesus pries. Ich war vom Heiligen Geist erfüllt und hatte eine ganz neue Sicht auf das Leben.

Ich hatte meine Familie gefunden. Menschen, mit denen ich vorher nie zu tun gehabt hatte, waren jetzt meine Brüder und Schwestern. Sie waren mir vertrauter als meine eigenen Blutsverwandten! Ich blieb acht Jahre lang in dieser Gemeinde und wuchs im Herrn. Mein ganzes Leben änderte sich, einschließlich all meiner Leidenschaften und Wünsche. Ich war nie mehr derselbe.

Doch trotzdem hatte ich Fragen.

Nachdem ich gerettet wurde, arbeitete ich 30 Jahre lang Vollzeit in der säkularen Welt, während ich gleichzeitig Bibelkurse für Erwachsene gab, als Hilfspastor diente und andere Arten von Diensten tat. Diese Fragen beschäftigten mich ständig, aber sie wurden auch zu meiner neuen Leidenschaft. Sie waren wie ein Durst, der gestillt werden wollte.

Wenn du wie die meisten Christen bist, hast auch du noch Fragen. Und es kann schwierig sein, eine klare Antwort zu bekommen.

Als ein geisterfüllter, bibelgläubiger Mann Gottes glaubte ich an alle Gaben des Heiligen Geistes. Gelegentlich gab jemand eine Prophetie oder eine Auslegung in Zungen. Es gab Zeiten, in denen Gott durch mich wirkte und mir Worte der Erkenntnis gab, die sich als richtig erwiesen. Ich hatte viele Offenbarungen vom Herrn erhalten und sogar Visionen gesehen.

Aber was ich nicht erlebte, waren echte und unbestreitbare Wunder, die den Naturgesetzen trotzten. Es ist nicht zu übersehen, dass diese Art von übernatürlichen Ereignissen ein regelmäßiger Bestandteil des Lebens der frühen Gemeinde gewesen zu sein scheint. Natürlich glaubte ich an Wunder. Ich hatte Geschichten von Wundern gehört, die an weit entfernten Orten geschehen waren. Ab und zu traf ich sogar jemanden, der ein Wunder erlebt hatte. Aber ich hatte selbst noch nie eines gesehen oder erlebt.

Die Urgemeinde im Vergleich zur heutigen Gemeinde

Das entspricht jedoch ganz und gar nicht der Erfahrung der Urgemeinde. Schon bevor Jesus ans Kreuz ging, hatte er seinen Anhängern die Macht gegeben, Kranke zu heilen, Dämonen auszutreiben und Tote auferstehen zu lassen. Und im Gegensatz zu einer weit verbreiteten, aber falschen Auffassung war dies nicht nur den Aposteln vorbehalten!

In Lukas 10,1-12 lesen wir, dass Jesus 72 andere aussandte und ihnen sagte, sie sollten vor ihm in jede Stadt gehen und die Botschaft verkünden, dass das Reich Gottes nahe ist. Außerdem trug er ihnen auf, *jeden* Kranken zu heilen, dem sie begegneten.

Wer waren diese Menschen? Von den 72 wird uns kein einziger Name genannt. Wir wissen nur, dass sie nicht zu den 12 gehörten, denn in Lukas 9,1-2 heißt es: *„Als er aber die Zwölf zusammengerufen hatte, gab er ihnen Kraft und Vollmacht über alle Dämonen und zur Heilung von Krankheiten. Und er sandte sie, das Reich Gottes zu predigen und die Kranken gesund zu machen."*

Dann beginnt Kapitel 10 mit der Erzählung von 72 „anderen", die zusätzlich zu den 12 Vollmacht erhielten: *„Danach setzte der Herr zweiundsiebzig andere ein und sandte sie je zwei und zwei vor sich her in alle Städte und Orte, wohin er gehen wollte"* (Lk 10,1 LUT).

Wir wissen nur sehr wenig über sie, außer dass sie ganz normale Menschen waren, die sich zu Jesus hingezogen fühlten. Als Jesus sie aufforderte, sich ihm in seinem Auftrag anzuschließen, folgten sie dem Ruf und machten sich in seinem Namen auf den Weg. Und weißt du, was dann geschah? Wunder!

Die Kranken wurden geheilt. Diejenigen, die dämonisch belastet waren, wurden befreit. Und viele glaubten an die Botschaft vom Reich Gottes.

Man musste also eindeutig kein Apostel sein oder einem anderen besonderen Club angehören, um von Jesus Wunderkräfte zu erhalten. Aber was ist mit der Gemeinde heute? Was ist mit der durchschnittlichen gläubigen Person, die mit Gottes Heiligem Geist erfüllt ist? Wo sind die Wunder in deren Leben? Diese ersten Jünger waren noch nicht einmal durch das Blut des Lammes erlöst worden. Sie waren noch nicht mit dem Heiligen Geist erfüllt, aber übernatürliche Zeichen und Wunder bestätigten die Botschaft, die sie verkündeten.

Und du?

Irgendwann musst du an den Punkt kommen, an dem du dem Wort Gottes mehr glaubst als deinen eigenen persönlichen Erfahrungen. Jesus Christus sagte: *„Wahrlich, wahrlich, ich sage euch: Wer an mich glaubt, der wird auch die Werke tun, die ich tue, und wird größere als diese tun, weil ich zum Vater gehe"* (Joh 14,12). Ich weiß, dass es nicht nur mir so geht. Vielleicht hast du dich genau wie ich gefragt: „Was fehlt mir, Herr? Meine Lebenserfahrungen passen nicht zu dieser Beschreibung."

Ich hoffe, dir geht es diesbezüglich ebenfalls wie mir: Ich will mir nichts entgehen lassen, wofür Jesus bezahlt hat und was er mir schenken will! Seit fast 40 Jahren suche ich nun schon nach Antworten, nach den fehlenden Puzzlestücken, nach den versteckten Schlüsseln, die mir die Türen zu den Wundern öffneten.

Dann, eines Tages, kam die Antwort.

Ich hatte keine Engelerscheinung. Und auch keine Nahtoderfahrung, bei der Jesus erschien und mir am Fußende meines Krankenhausbettes geheime Dinge erzählte. Ich wurde nicht in einer herrlichen Vision in den Himmel entrückt. Es war alles viel einfacher als das.

Vor Jahren wurde ich durch ein bisschen Wissen, das ich vorher nicht hatte, gerettet. Genauso begann ich, übernatürlich zu wirken, nachdem ich ein wenig Erkenntnis erhalten hatte, die mir vorher gefehlt hatte. Das war alles, was es brauchte – alles wurde anders!

Der Herr zeigte mir, dass es bestimmte „Schlüssel" gibt, um Wunder zu wirken. Diese Schlüssel sind sehr einfache biblische Wahrheiten, aber aus irgendeinem Grund fällt es unserem Verstand schwer, sie anzuwenden. Zuerst tun wir uns schwer, diese Wahrheiten zu begreifen, und dann, sie praktisch umzusetzen. Aber seit dem Tag, an dem ich sie erkannt hatte, habe ich für

Tausende von Menschen auf der ganzen Welt gebetet und viele Wunder erlebt.

Dieses Buch habe ich geschrieben, um das Wissen weiterzugeben, das ich an jenem Tag vom Herrn erhalten habe.

Die Kraft, Wunder zu tun, ist für jeden Christen verfügbar

Jeder Christ kann Wunder wirken, egal ob er seit 20 Jahren oder 20 Minuten gerettet ist. Heilung, Wunder und Befreiung geschehen in einer Bewegung Gottes, die die Grenzen von Ethnie, Kultur, Bildung oder Konfession überschreitet. Und die Bedeutung dieser Bewegung kann gar nicht genug betont werden.

Genau wie in den Tagen der ersten Jünger sind die besten Werkzeuge, um die Verlorenen für Christus zu gewinnen, das Evangelium unterstützt durch die Demonstration von Gottes wundersamer Macht. Ich kann dir aus erster Hand bezeugen, dass es für einen Atheisten sehr schwer ist, Atheist zu bleiben, wenn er Gottes Macht persönlich zu spüren bekommt!

Reden allein ist zu einfach. Wenn die Welt deine Botschaft ohne eine Demonstration von Gottes Macht hört, ist es für sie sehr leicht, sie abzutun. Paulus beschreibt das Problem so:

> *... meine Rede und meine Predigt bestand nicht in überredenden Worten der Weisheit, sondern in Erweisung des Geistes und der Kraft, damit euer Glaube nicht auf Menschenweisheit, sondern auf Gottes Kraft beruht* (1 Kor 2,4-5).

Die in diesem Buch beschriebenen Schlüssel werden dich dazu bringen, in eine engere Beziehung zu Jesus zu treten. Du wirst ein größeres Vertrauen in Gottes Bereitschaft haben, hinter dir zu stehen, wenn du im Glauben für die Verlorenen betest. Er wird mehr Mitgefühl in dein Herz legen.

- Die Schlüssel existieren.
- Sie sind verfügbar.
- Sie funktionieren.
- Sie werden allen angeboten.

Viele Bücher erheben außergewöhnliche Ansprüche, und es ist frustrierend, wenn sie diese nicht erfüllen. Ich behaupte nicht, dass ich etwas Besonderes oder Spektakuläres bin. Ich bin nur ein normaler Christ wie du. Aber seit ich diese Grundwahrheiten gelernt habe und sie auslebe, habe ich sie vielen anderen Christen auf der ganzen Welt beigebracht. Die Ergebnisse sind außergewöhnlich. Die Menschen erleben Wunder wie in der Apostelgeschichte, wenn sie anfangen, diese einfachen Wahrheiten zu befolgen.

Und du? Bist du bereit für ein Abenteuer?

Kapitel 1

Die Schlüssel existieren

Haley war Anfang 30, aber sie benutzte eine Gehhilfe und schlurfte damit umher wie eine ältere Person. Sie litt an einer seltenen Krankheit, die schwere Arthritis in ihrem ganzen Körper verursachte. Sie hatte ständig Schmerzen und ihre Bewegungsfreiheit war stark eingeschränkt. Darüber hinaus konnte sie sich überhaupt nicht mehr bücken.

Im Glauben erklärte ich Haley, dass Gott sie ganz bestimmt heilen und all ihre Schmerzen wegnehmen würde, wenn sie mir erlauben würde, für sie zu beten.

Es gab nur ein „Problem". Ich hatte bis dahin noch nie erlebt, dass jemand geheilt worden war! Meine Zuversicht kam also nicht aus vorherigen Erfahrungen. Vielmehr sprach ich aus reinem Glauben heraus. Ich wagte es zu glauben, dass das, was Jesus sagt, wahr ist – dass ich als an ihn Gläubigen qualifiziert und autorisiert war, die gleichen Werke zu tun, die er getan hatte.

Nachdem ich für Haley gebetet hatte, konnte sie sich wieder vollständig bewegen. Sie war schockiert. Aber die gute Nachricht war damit noch nicht zu Ende. Alle Schmerzen hatten ihren Körper verlassen. Sie war komplett geheilt und ist bis heute völlig gesund geblieben.

Haley war sehr überrascht, aber ich noch viel mehr. Das war das erste Mal, dass durch meinen Dienst jemand übernatürlich geheilt wurde, und seither kamen noch Tausende dazu. Ich habe erlebt, dass Gott viele Menschen gesegnet hat und sogar, dass Atheisten auf der Stelle errettet wurden, nachdem sie ein Heilungswunder erlebt hatten.

Mit Wundern die Verlorenen erreichen

Nachdem ich nun schon vielen verlorenen und nicht kirchlich geprägten Menschen gedient habe, bin ich zu einer festen Überzeugung gekommen: Die meisten Atheisten sind nicht wirklich Atheisten. Meistens haben sie ein viel tieferes Herzensproblem. Oft liegt es daran, dass sie das Gefühl haben, Gott habe sie persönlich irgendwann einmal im Stich gelassen. Vielleicht haben sie für eine bestimmte Person oder Situation gebetet und nicht die gewünschte Antwort erhalten. Oder sie haben zu viel Böses und Leid gesehen und finden, dass ein guter Gott so etwas niemals zulassen würde.

Aber anstatt wirklich zu glauben, dass er nicht existiert, hassen sie Gott meistens regelrecht oder leben in Verbitterung gegen ihn. Wenn du in deinem geistlichen Dienst mit Atheisten sprichst, werden sie oft sehr wütend und verteidigen leidenschaftlich ihren „Unglauben". Das verrät eine Tatsache, die sie nicht wahrhaben wollen. Ich werde versuchen, das anhand eines Beispiels zu erklären.

Als ich ein Kind war, glaubte ich an den Weihnachtsmann. Mit der Zeit wurde ich erwachsen und erkannte, dass dies nur eine mythische Figur ist. Wenn du mir von ihm erzählst, habe ich keine negativen Gefühle ihm gegenüber. In meinem Kopf wird er als Unsinn abgetan, und es macht mich nicht wütend, wenn ich über ihn spreche. Warum sollte ich mich über ein Wesen aufregen, das gar nicht existiert?

Atheisten äußern jedoch oft eine tiefe, leidenschaftliche Wut auf Gott – auch wenn sie behaupten, dass sie nicht an seine Existenz glauben. Warum sollte jemand auf ein „Märchen" wütend sein? Das eigentliche Problem ist nämlich ein intensiver Hass auf Gott. Deshalb wollen Atheisten oft alles tun, um Gott und diejenigen, die ihm nachfolgen, zu diskreditieren. Ihre Verbitterung ist oft die eigentliche Motivation, nicht der einfache Glaube an die Nichtexistenz Gottes.

Ich habe oft für Atheisten gebetet, die ich erst in irgendeiner Weise herausfordern musste, um ihre Erlaubnis zu erhalten. Sie sagen dann etwas wie: „Du kannst mich nicht heilen. Ich glaube nicht an diesen Blödsinn. Es gibt keinen Gott!"

„Dann ist dies die perfekte Gelegenheit für dich, mir zu beweisen, dass ich falsch liege", antworte ich darauf. „Ich werde für dich beten und wenn nichts passiert, hast du bewiesen, dass du recht hattest und ich falsch lag!" Manchmal funktioniert diese Herausforderung und sie stimmen zu, dass ich für sie bete. Ein Atheist, der das tut, ist sich oft sicher, dass nichts passieren wird. Aber wenn Gott auf der Bildfläche erscheint, ändert sich alles.

Manchmal scheinen sie wie unter Schock zu stehen und bitten um Zeit, um das Geschehene zu verarbeiten. In anderen Fällen geben sie das Wunder offen zu, und ich darf antworten: „Ist das nicht erstaunlich? Der Gott, an den du nicht glaubst, hat dich geheilt! Er muss dich lieben!" Aber oft ist das Ergebnis noch dramatischer. Wenn wir uns aufmachen und einem Ungläubigen Heilung schenken, dürfen wir oft mit dem ganzen Himmel feiern. So sehr ich es liebe, dem Volk Gottes zu dienen, meine liebsten Heilungswunder sind die, bei denen ein Ungläubiger sofort zum Christen wird.

Bobby

An einem heißen Augusttag fiel mir mitten auf einem Parkdeck Bobby auf, der humpelte. Seine Arme waren auf dem besten Weg, ganz mit Tattoos bedeckt zu werden. Er trug eine umgedrehte Baseballkappe, eine Sonnenbrille und diese runden Ohrringe, die den Leuten große Löcher in die Ohren machen. Bobby trug ein Tank-Top, das seine Tattoos enthüllte, auf dem aber auch satanische und okkulte Symbole zu sehen waren. Der obere Teil des Shirts sah aus wie ein Ouija-Brett. Es gab Kreuze, Flammen, fünfzackige Sterne und andere Symbole, die alle um ein großes dämonisches Gesicht herum angeordnet waren. Am unteren Rand stand „Lebe wohl".

Ich weiß nicht, was diese Dinge bedeuteten, ich weiß nur, dass derjenige, der in mir ist, größer ist als derjenige, der in der Welt ist. Bobby ließ keinerlei Glauben an Gott oder Jesus erkennen, aber er wirkte auch nicht feindselig. Als ich ihn fragte, ob er

Schmerzen habe, gab Bobby an, er habe starke Schmerzen in seinen Füßen und Unterschenkeln.

„Ich werde für dich beten, und dadurch wird dein ganzer Schmerz verschwinden", erklärte ich.

„Okay ...", antwortete er etwas zögerlich, aber ohne Widerstand.

Ich sagte, dass es doch ein Wunder wäre, wenn alle Schmerzen verschwinden würden, und Bobby stimmte dem zu. Dann erklärte ich ihm mehr über das, was passieren würde.

„Ich werde dir jetzt sagen, warum das passieren wird. Es wird geschehen, weil Jesus dich liebt, auch wenn du ihn nicht kennst. Er will dir deinen Schmerz nehmen. So ist er. Okay?"

„Okay."

Ich zeigte auf Bobbys Beine und betete: „Vater, in Jesu Namen, danke ich dir dafür, wer du bist, und ich danke dir für Bobby. Und jetzt spreche ich zu Bobbys Füßen und Beinen. Und ich befehle, dass alle Schmerzen verschwinden. Jetzt. Alle."

Ich stand einen Moment lang schweigend da.

„Wow", sagte Bobby.

„Was fühlst du, Bobby?" Er stand stumm da und starrte auf seine Beine. „Was fühlst du?", fragte ich erneut.

„Hm ... ich spüre den Schmerz *im Moment* nicht", erklärte er mit überraschter Stimme.

„Bewege dich und probiere es aus", schlug ich vor.

Er begann zu gehen, und ich ging neben ihm her.

„Ja, ich habe gerade noch gehumpelt ..."

Er ging normal weiter und fügte hinzu: „Vor zehn Sekunden habe ich noch gehumpelt und konnte kaum laufen."

„Und jetzt kannst du gehen."

„Ja, ich habe das Gefühl, als könnte ich jetzt schon rennen."
„Und du hast keine Schmerzen?", fragte ich.

„Nein, eigentlich spüre ich den Schmerz überhaupt nicht mehr."

Bobby war kein leicht erregbarer Mensch, aber man merkte ihm an, dass er etwas schockiert war. Ich sagte: „Du spürst den Schmerz nicht mehr – ist das nicht cool?" „Das ist ... verrückt", schloss er.

In diesem Moment begann ich, Bobby das Evangelium zu erklären.

„Das liegt daran, dass Jesus dich liebt, Bobby, auch wenn du ihn nicht kennst."

„Wow", sagte Bobby wieder. Vielleicht war er genauso überrascht, das zu hören, wie darüber, dass der Schmerz weg war.

Ich erklärte ihm: „Ich will dich nicht zu etwas überreden, weil ich so etwas nicht tue, okay? Aber Jesus will ein Teil deines Lebens sein. Er will dich retten und einen ganz neuen Menschen aus dir machen ..." Als ich Bobby das Evangelium erklärte, schaute er mit offenem Mund auf den Boden, als wäre er sehr überrascht von dem, was gerade passierte. Ich beendete meine Darstellung des Evangeliums mit der Frage: „Hättest du Interesse daran, dass Jesus in dein Herz kommt?" „Ja", war seine unmittelbare Antwort.

Wir gingen ein Stück zur Seite, um den vorbeifahrenden Autos nicht im Weg zu stehen, und dann führte ich Bobby durch ein Gebet der Errettung.

„Himmlischer Vater..."

„Himmlischer Vater..."

„Ich weiß, dass ich ein Sünder bin."

„Ich weiß, dass ich ein Sünder bin", wiederholte Bobby mit ernsthafter Stimme.

„Und ich weiß, dass ich den Erlöser brauche."

„Und ich weiß, dass ich den Erlöser brauche."

„Und ich glaube, dass Jesus der Retter ist."

„Und ich glaube, dass Jesus der Retter ist."

Langsam und in aller Ruhe führte ich Bobby durch den Prozess, Christus als seinen Erlöser anzunehmen.

„Also, Jesus ..."

„Also, Jesus ..."

„Genau jetzt ..."

„Genau jetzt ..." Bobbys Stimme begann zu zittern.

„... bereue ich meine Sünden."

„... bereue ich meine Sünden." Bobby wurde bei diesem Teil etwas deutlicher, als ob er seine uneingeschränkte Zustimmung betonen wollte.

„Und ich bitte dich, mir meine Sünden zu vergeben."

„Und ich bitte dich, mir ... meine Sünden zu vergeben." Bobby fing an, ein wenig zu schluchzen.

„Und ich bitte dich, dass du jetzt in mein Herz kommst."

„Und ich bitte dich, dass du ... jetzt in mein Herz kommst."

„Und sei der Herr meines Lebens."

„Und sei der Herr meines Lebens." In diesem Moment liefen Bobby die Tränen übers Gesicht. Man konnte seine Rührung spüren.

„Ich gebe dir jetzt mein ganzes Leben."

„Ich gebe dir jetzt mein ganzes Leben", bekannte Bobby und wischte sich die Tränen weg.

„Und ich lebe mein Leben für dich."

Bobby hielt gerade lange genug inne, um sich zu sammeln, und fuhr dann fort: „Und ich lebe mein Leben für dich".

„Danke, dass du mich gerettet hast."

Mit tiefer Dankbarkeit in der Stimme schloss Bobby sein Errettungsgebet: „Danke, dass du mich gerettet hast."

„In Jesu Namen, Amen".

„In Jesu Namen."

„Amen!"

Ich erklärte Bobby, dass Jesus gerade in sein Leben gekommen war und ihn jetzt mit Licht, Frieden und Liebe erfüllte. „Jesus liebt dich, Mann. Er liebt dich mehr, als dich jemals irgendjemand geliebt hat. Und er will dir einen völlig neuen Anfang schenken – ein brandneues Leben."

Während Bobby sich weiter die Tränen aus dem Gesicht wischte, fragte ich: „Wie fühlt sich das an?"

„Es fühlt sich *echt* an."

Ich teilte seine Freude und wollte mehr wissen. Ich fragte erneut: „Wie fühlst du dich?" Seine nächsten Worte waren sehr aufschlussreich.

„Ich fühle mich wie ein neuer Mensch", gestand Bobby.

Keine 10 Minuten zuvor wusste Bobby noch nichts über Jesus. Er war einfach durchs Leben gegangen, wie die meisten Menschen, und hatte nicht an seine ewige Bestimmung gedacht. Eine kleine Heilung später war Bobby ein ganz neuer Mensch.

Die Felder sind reif für die Ernte.

Verlorene Menschen warten da draußen und betteln förmlich darum, dass ihnen jemand zeigt, dass Gott real ist. Dass er sie liebt. Dass er sie in seiner Familie haben will.

Es gibt so viele Menschen, die darauf warten, dass du deinen Auftrag erfüllst. Wirst du dich der Aufgabe stellen? Wirst du die ganz einfachen Dinge tun, die getan werden müssen, um Menschen wie Bobby zu erreichen? Oder wie Jaden?

Jaden

Einmal war ich im Dienst unterwegs und stieß auf eine Gruppe junger Männer, die Pokémon Go spielten, ein Spiel, bei dem man auf öffentlichen Plätzen herumläuft, um mit einer App auf dem Handy Pokémon-Kreaturen zu fangen. Ich ging auf die jungen Männer zu und fragte sie, ob sie an Wunder glaubten, und wenn ja, woher sie glaubten, dass Wunder kämen? Mehrere der jungen Männer sagten, dass sie an Wunder glauben und dass sie von Gott kommen. Dann war da noch Jaden.

Jaden glaubte nicht an Gott oder an etwas Übernatürliches. Ich fragte: „Woher kommen deiner Meinung nach dann die Wunder?"

„Durch harte Arbeit und Beharrlichkeit", antwortete er.

Als Nächstes fragte ich die ganze Gruppe, ob jemand von ihnen Schmerzen habe. Einige von ihnen hatten Schmerzen, weshalb ich ihnen Gottes heilende Kraft zeigte. Diejenigen, die geheilt worden waren, waren erstaunt und dankbar. Dann war da noch Jaden.

Er hatte gesehen, was mit den anderen passierte, und er schien interessiert zu sein. Aber er war nicht überzeugt. Als ich weiter nachfragte, erfuhr ich, dass Jaden an einem verstauchten Knöchel litt. Seine Schmerzen waren zwar nicht lähmend, aber doch ziemlich ernst. An diesem Punkt fragte ich Jaden, ob ich für ihn beten könne, dass Gott ihn heilt.

Er war skeptisch, aber er stimmte höflich zu, dass ich für ihn betete.

Ich erklärte ihm, dass ich ihn nicht einmal berühren würde. Ich würde nur den Schatten meiner Hand über seinen Knöchel legen und beten. Das tat ich und fragte dann Jaden: „Was fühlst du?"

Er schien sehr überrascht und antwortete: „In meinem Knöchel hat sich etwas bewegt."

Ich sagte ihm, er solle den Knöchel testen und sehen, ob er Schmerzen habe. In diesem Moment war Jaden völlig schockiert. Er rief laut zu seinen Freunden: „Nein! Das ist nicht möglich! Er ist weg! Er ist ganz weg! Der Schmerz ist *ganz* weg!"

Nach Jadens Erlebnis gab es noch ein paar andere, für die wir beteten. Sie alle erlebten Heilung, und dann begann ich, den Grund für die Heilung zu erklären.

„Jesus lebt und ist gesund. Er hat diese Begegnung mit euch allen heute arrangiert, damit ihr seine heilenden Kraft ganz praktisch erleben könnt. Er hat das getan, weil er euch liebt und euch retten will. Er möchte eine persönliche Beziehung zu jedem Einzelnen von euch haben. Jesus starb am Kreuz, um euch von euren Sünden zu erlösen, weil er euch liebt und möchte, dass ihr für immer mit ihm im Himmel lebt. Er möchte, dass ihr zu seiner Familie gehört."

Dann fragte ich: „Möchte jemand von euch Jesus bitten, in sein Herz zu kommen und ihn heute zu retten? Ist jemand bereit, sich von einem Leben in Sünde abzuwenden und stattdessen Jesus zu dienen?"

In diesem Moment gab Jaden ein begeistertes „Ja!" von sich. Ich leitete ihn sofort zu einem Gebet der Umkehr und Hingabe an Jesus an. Der junge Mann, der vor wenigen Augenblicken noch gar nicht an Gott geglaubt hatte, war nun ein wiedergeborenes Kind Gottes!

Bei Heilung geht es nicht nur um Heilung.

Bei Prophetie geht es nicht nur um Prophetie.

Wunder sind nicht nur um der Wunder willen da.

Alle diese wunderbaren Taten Gottes dienen dem Zweck, den Menschen seine Liebe und seine Macht zu zeigen. Gott möchte, dass die Verlorenen seine Güte kennenlernen, damit er sie in eine Beziehung zu unserem Retter Jesus Christus führen kann. Und wenn wir hinausgehen, um zu dienen, wird er mit uns gehen.

Ich glaube, dass die meisten Christen gerne erleben würden, dass sich Gottes Reich auf diese Weise ausbreitet. Stell dir vor, jeder Christ in deinem Land würde sich auf den Weg machen, um die geistliche Dunkelheit mit Gottes Licht und Liebe zu durchdringen. Wir können es tun! Ich habe Jahre damit verbracht, das normale Gemeindedasein zu führen, aber jetzt erlebe ich, dass Gott regelmäßig Menschen rettet, heilt und auf erstaunliche Weise segnet.

Ja, Gottes übernatürliche Kraft hat sich in meinem Dienst gezeigt. Leider kam sie erst nach einer langen Zeit, in der ich mit verschiedenen Zweifeln gerungen habe.

Wir alle haben Fragen

Wenn wir uns aufmachen, in den übernatürlichen Dingen Gottes zu wirken, werden in unserem Herzen immer Fragen auftauchen, die uns beschäftigen, wie zum Beispiel:

- Entspricht das dem Charakter von Christus? Kann ich mir vorstellen, dass Jesus das tut?
- Ist das wirklich etwas, das Gott für mich vorgesehen hat, oder ist es nur für einige wenige?
- Habe ich die Autorität, dies zu tun, wann immer ich will, oder sollte ich es nur tun, wenn Gott es mir ausdrücklich befiehlt?

Bevor ich die Manifestationen des Geistes erleben konnte, musste ich wissen, dass es sie auch heute noch gibt und dass sie mir gegeben wurden, um Gottes Reich voranzubringen.

Wenn du aus einem geistlichen Hintergrund kommst, der davon überzeugt ist, dass die Gaben des Heiligen Geistes nach dem Tod der Apostel aufgehört haben, wirst du nicht glauben, dass diese Zeichen und Wunder für die heutige Zeit gelten, und du wirst auch nicht glauben, dass du sie nutzen kannst. Zu meinem Glück hatte ich Menschen getroffen, die Dinge erlebt hatten, die kein Arzt oder Wissenschaftler mit natürlichen Mitteln erklären konnte. Gott hatte mir auch erlaubt, persönlich Zeuge vieler Manifestationen der übernatürlichen Gaben des Heiligen Geistes zu werden, wenn ganz normale Christen diese ausübten. Es gab auch viele Bücher von Leuten, die über ihre Erfahrungen mit Zeichen und Wundern berichteten.

Wenn ich allerdings versuchte, im Glauben loszuziehen, um Zeichen, Heilungen und andere Wunder zu erleben, passierte meistens nichts.

Gottes Wahrheit versus persönliche Erfahrung

Hätte ich mich nur auf meine persönlichen Erfahrungen verlassen, wäre ich zweifellos zu dem Schluss gekommen, dass Wunder nichts für heute sind, dass das Übernatürliche nur etwas für die frühe Gemeinde war und dass Gott nicht mehr auf diese Weise arbeitet.

Aber ich konnte dies nicht glauben. Ich wusste es besser. Es gab zu viele offensichtliche Zeugnisse von Menschen, die dieselbe Art von Wundern erlebten wie die Urgemeinde. Die Wunder haben nicht aufgehört. Und außerdem gab es die klare Lehre von Gottes Wort. Erinnere dich daran, dass Jesus gesagt hat, dass „jeder, der an ihn glaubt", dieselben Werke tun würde, die er getan hat, und sogar noch größere.

Das musste also bedeuten, dass das Problem bei mir lag!

Jesus hat eine weitere wichtige Wahrheit bzw. ein Prinzip mehrmals in der Bibel erwähnt. *„Euch geschehe nach eurem Glauben!"* (Mt 9,29). In Matthäus 8,13 sagt Jesus zu dem Hauptmann: *„Geh hin, dir geschehe, wie du geglaubt hast!"* Immer wieder sagt Jesus den Menschen, dass sie durch ihren Glauben geheilt werden.

Wenn du deinen Glauben darauf setzt, dass Wunder nichts für heute sind, dann wirst du Ergebnisse erhalten, die deinem Glauben entsprechen. „Nach deinem Glauben" wird es für dich geschehen, also wirst du wahrscheinlich keine Wunder erleben. Das beweist jedoch nicht, dass es heute keine Wunder gibt. Es beweist nur, dass du das erhalten hast, was du geglaubt hast.

Da ich wusste, dass Gott auch heute noch Wunder auf der Erde vollbringt, war ich zuversichtlich, dass ich mir dieses Thema zufriedenstellend erarbeitet hatte. Mein Glaube sagte mir, dass

Jesus Christus auch heute noch Wunder auf der Erde vollbringt. Sie haben nicht aufgehört.

Das ließ mich mit einer weiteren wichtigen Frage zurück.

Sind Wunder für mich?

Haben wir einmal erkannt, dass Gott immer noch Wunder tut, so wie er es immer getan hat, müssen wir uns fragen: Soll auch ich Wunder wirken? Sind sie für mich? Für die Antwort müssen wir uns nicht auf persönliche Erfahrungen verlassen. Genau wie bei der letzten Frage können wir uns auf das Wort Gottes als Maßstab für die Wahrheit verlassen. Hier ist, was Gottes Wort zu diesem Thema sagt:

> *Wahrlich, wahrlich, ich sage euch:* ***Wer an mich glaubt,*** *der wird auch die Werke tun, die ich tue, und wird größere als diese tun, weil ich zum Vater gehe* (Joh 14,12).

Ja, wir werden diesen Vers noch viele Male lesen, denn er vermittelt eine äußerst wichtige Wahrheit. Jesus beginnt den Vers sogar mit den Worten: „Was ich nun sage, ist keine Lüge. Ich sage euch jetzt die Wahrheit!" Dann erklärt er, dass *„wer an mich glaubt",* die Werke tun wird, die er getan hat. Welche Werke hat er getan? Heilungswunder. Dämonen austreiben. Tote auferwecken.

Jesus hat nicht gesagt, dass nur eine ausgewählte Gruppe von Gläubigen diese Dinge tun würde. Er sagte nicht, dass nur Gläubige, die in einem bestimmten Zeitraum lebten, diese Dinge tun würden. Er sagte ganz klar und wahrheitsgemäß, dass „jeder", der an ihn glaubt, diese Dinge tun würde.

Das gilt auch für dich. Und für mich.

Sobald ich mit dieser einfachen Wahrheit in Übereinstimmung gekommen war, begannen in meinem Dienst Wunder zu geschehen.

Als der Herr mir zum ersten Mal die Augen für die Wahrheit öffnete, dass mir in meinem Dienst Wunder zur Verfügung stehen, schien das noch eine Theorie zu sein. Ich hatte es noch nicht ausprobiert. Aber ich wollte auch nicht warten. An dem Tag, an dem Gott mir die Augen für diese Wahrheit öffnete, ging ich los und suchte jemanden, für den ich beten konnte. Als ich Haley sah, war mir sofort klar, dass sie dringend Heilung brauchte. Gott sei gelobt, er heilte sie an diesem Tag auf der Stelle, und seither habe ich immer wieder seine Wunder erlebt.

Aber das vielleicht Überzeugendste ist, dass, nachdem ich begonnen hatte, diese Prinzipien zu lehren, andere die gleichen Erfahrungen gemacht haben. Sobald sie die Wahrheit erkannt hatten, dass Wunder für heute und für sie sind, erlebten sie ähnliche Ergebnisse. Genau wie ich haben die Menschen, die ich unterrichtet habe, ein Wunder nach dem anderen erlebt.

Was für Wunder, wirst du dich fragen? Zum Beispiel, dass blinde Augen sehen und taube Ohren hören, dass Krebs verschwindet, dass gebrochene Knochen auf der Stelle geheilt und wiederhergestellt werden, als wären sie nie gebrochen gewesen. Oder dass Tumore verschwinden.

Menschen, die sich kaum noch bewegen konnten, haben ihren vollen Bewegungsspielraum wiedererlangt. Herz- und Nierenprobleme wurden geheilt. Fruchtbarkeitsprobleme waren weg.

Die Liste lässt sich fortsetzen, und ich werde im Lauf des Buches noch mehr Zeugnisse erzählen. Aber jetzt möchte ich dir erst einmal von Alberto erzählen.

Ein verstümmeltes Bein wird wiederhergestellt

Kurz nachdem ich meine ersten Erfolge beim Beten für das Übernatürliche erlebt hatte, reiste eine Gruppe von Leuten aus unserer Gemeinde nach Mexiko. Es war eine Missionsreise, die von anderen geplant worden war, und gegen Ende der Planungsphase beschloss ich, mitzufahren.

Als wir dort ankamen, war unser Hauptziel, mehrere Tage lang einem Waisenhaus in Tecate zu helfen. Nachdem wir tagsüber im Waisenhaus gearbeitet hatten, gingen wir in die umliegenden Dörfer, um dort Leuten persönlich zu helfen. Viele der Häuser in diesen Orten hatten kein fließendes Wasser, weshalb wir einen großen Lkw mit einem Wassercontainer mitnahmen und jedem, der Wasser brauchte, anboten, die Fässer zu füllen. Während wir das Wasser verteilten, fragten wir über einen Dolmetscher, ob jemand in der Familie Gebet brauchte.

Eine der kleinen Hütten, an der wir vorbeikamen, hatte eine einfache Veranda und die ganze Familie hatte sich dort versammelt. Nachdem wir gefragt hatten, ob jemand in ihrem Haus Gebet brauche, kam Alberto, der Vater des Hauses, heraus und erklärte, dass er es dringend brauche. Er hatte gerade eine Stelle in einer Fabrik am Ort bekommen und sollte am nächsten Tag anfangen. Dieser neue Job war unglaublich wichtig für seine Familie, da sie extrem arm war. Aber Alberto hatte ein großes Problem.

Alberto erklärte, er habe eine Verletzung und könne deshalb wohl keinen ganzen Arbeitstag lang stehen. Ich fragte ihn, was genau das Problem sei, und er zog sein Hosenbein hoch. Was er uns zeigte, war geradezu grausam.

Albertos Bein und Fuß waren völlig entstellt. Seine Wade hatte mehrere tiefe Furchen, die vom Knie bis zum Knöchel reichten. Es sah aus, als hätte ein Bär oder ein Löwe mit seinen Klauen riesige Fleischbrocken aus seinem Bein gerissen. Auch schien er hinterher keine professionelle medizinische Behandlung bekommen zu haben. Die Haut schien einfach über den klaffenden Wunden nachgewachsen zu sein.

Außerdem war sein Fuß völlig verdreht und zeigte zur Seite statt geradeaus. Er konnte den Fuß auch nicht in eine gerade Position bringen. Er war permanent seitlich blockiert. Sein Bein war verdreht und verstümmelt, und all das zusammen führte dazu, dass er sich beim Aufstehen stark zur Seite neigte. Und als ob das alles nicht schon genug wäre, hatte Alberto auch noch starke und ständige Schmerzen. Wir baten ihn, die Schmerzen, die er in diesem Moment empfand, auf einer Skala von 1 bis 10 zu bewerten, und er gab an, dass es eine 9 war.

Ich hatte erst vor Kurzem damit begonnen, in meinem Dienst Wunder zu erleben. Alle in unserer Gruppe waren so gut wie unerfahren, was Heilung und andere Wunder anging. Doch bevor ich überhaupt merkte, was aus meinem Mund kam, sagte ich voller Zuversicht zu dem Dolmetscher: „Sag ihm, dass ich jetzt für ihn beten werde, und sein Bein wird wieder zur Normalität zurückwachsen. Sein Fuß wird gerade werden. Und sein ganzer Schmerz wird verschwinden."

Eine der Frauen aus meiner Gemeinde sah mich mit einem entsetzten Blick an. Sie war schockiert und wütend auf mich, weil ich das gesagt hatte. Dann ließ sie mich wissen, dass ihre Ablehnung aus der Angst resultierte, dass Alberto schwer enttäuscht sein würde, wenn nichts passierte.

Aus irgendeinem Grund war ich aber so voller Glauben, dass ich mich nicht abschrecken ließ. Ich bat alle, sich zu versammeln und genau zuzuschauen, damit ich ihnen zeigen konnte, wie man für die Verletzung betet.

Dann ließ ich Alberto sich hinsetzen. Ich nahm seine beiden Knöchel in die Hand und wollte gerade lautstark ein Wunder befehlen. Doch bevor ich ein einziges Wort sagen konnte, schoss Albertos Bein gerade heraus. Sein Fuß drehte sich in die richtige Stellung und all seine Schmerzen waren völlig verschwunden. Es gab zwar noch Narben, aber sein Bein und sein Fuß waren sofort wieder voll funktionsfähig.

Ich weiß noch, dass ich ein bisschen enttäuscht war, dass ich nicht allen zeigen konnte, wie man um Heilung betet. Aber das habe ich natürlich schnell überwunden. Albertos gesamte Familie brach in Jubel und Lobpreis für Jesus aus. Wir alle weinten Freudentränen, als wir sahen, wie Gottes Güte über diese Familie ausgegossen wurde, die sich in einer verzweifelten Lage befunden hatte.

Die Frau, die sich an diesem Tag über mich aufgeregt hatte, war in einer Konfession aufgewachsen, die lehrte, dass Zeichen und Wunder mit den Aposteln aufgehört hatten, und bis zu diesem wundersamen Moment glaubte sie immer noch nicht, dass Wunder für heute sind. Doch von jenem Tag an verstand sie nicht nur, dass Wunder eben doch für heute sind, sondern auch, dass sie für jeden sind, der glaubt. Inzwischen hat sie selbst für viele Menschen gebetet und dabei viele übernatürliche Heilungen erlebt.

Du kannst dasselbe tun. Wir müssen nur daran arbeiten, dass du das Richtige glaubst und weißt.

Kapitel 2

Die Art der Schlüssel

Menschen aus der ganzen Welt stehen donnerstags vor der Tür unserer Gemeinde, um an unserem *Marketplace Ministry Training*[1] teilzunehmen. Einmal kam ein Mann namens Chris und ging mit uns hinaus. Ich konnte ihn darin schulen, Fremden in der Öffentlichkeit zu dienen, und er war von dieser Erfahrung so beeindruckt, dass er einen Monat später wieder in unsere Gemeinde kam.

Diesmal war Chris zu einem unserer Gottesdienste am Sonntagmorgen gekommen. Wir haben sonntagmorgens zwei Gottesdienste, und dazwischen habe ich ein Zeitfenster von 15 Minuten. In dieser Zeit kam Chris auf mich zu und sagte, er habe einige Freunde mitgebracht, die Heilung bräuchten. Chris kam gleich zur Sache und fragte, ob ich mir etwas Zeit nehmen könnte, um für sie zu beten.

Ich fühlte mich ein wenig gedrängt. Ehrlich gesagt, war ich überhaupt nicht in der Stimmung dazu. Ich erklärte, dass ich nur ein paar Minuten Zeit hätte, und sagte, dass ich schnell für sie beten würde und dann gehen müsse. Sie konnten das verstehen und waren einverstanden.

Die Gebetszeit war so schnell vorbei, dass ich mich nicht mehr an viel erinnern konnte, als ein Mann namens Scott mich etwa einen Monat später anrief und fragte, ob ich mich an ihn erinnerte. Scott erklärte, ich hätte für ihn, seine Frau Tanya und Shinelle, seine Nichte, gebetet. Dann sagte Scott, er wolle mich zum

[1] Schulung, um den Dienst Jesu in der Öffentlichkeit zu tun.

Mittagessen einladen, um mir zu erzählen, was passiert war. Ich stimmte zu und traf dann Scott und Shinelle, um ihre Geschichte zu hören.

Während wir auf unser Essen warteten, fragte Scott, ob ich mich an die verschiedenen Punkte erinnerte, für die wir gebetet hatten. Ich erklärte ihm, dass ich das alles nur verschwommen im Kopf hätte. Dann fragte er: „Erinnerst du dich, dass du für Tanyas Brustkrebs gebetet hast?" Ehrlich gesagt, konnte ich mich nicht daran erinnern. Dann erklärte Scott: „Du hast sie gebeten, ihre Hand auf die Stelle zu legen, wo der Tumor sitzt. Dann hast du ihre Hand berührt und dem Krebs gesagt, er solle verschwinden. Du hast Tanya angewiesen, den Tumor von einem Arzt untersuchen zu lassen. Das haben wir getan, und sie hat keine Spur von Krebs mehr in ihrem Körper!"

„Wow! Preist den Herrn! Danke, dass du uns dieses wunderbare Zeugnis mitgeteilt hast", antwortete ich.

Scott sagte: „Da ist noch viel mehr!" Er fuhr fort: „Tanya war als Teenager von einem Pferd gestürzt und hatte sich den Rücken verletzt. Über ein Jahrzehnt lang nahm sie jeden Tag 15 Tabletten eines Schmerzmittels, um mit den chronischen Schmerzen fertig zu werden. Du hast ein einfaches Gebet für ihren Rücken gebetet und sie wurde geheilt. Seitdem hat sie keine Schmerzen mehr. Sie hat keine einzige Tablette mehr genommen, und, ob du's glaubst oder nicht, sie hatte nicht einmal irgendwelche Entzugserscheinungen!" „Wow! Gott ist gut ...", antwortete ich, bevor Scott sich wieder einmischte.

„Es gibt noch mehr!", rief er aus.

Scott erzählte weitere Details und ich hörte gespannt zu. Ich hatte damals zwar keine große „Lust" gehabt, zwischen den beiden Gottesdiensten für andere zu beten, aber die Ergebnisse waren spannend.

Scott fragte: „Erinnerst du dich daran, dass ich dir erzählt habe, dass ich Probleme im unteren Rückenbereich habe, und wie du darauf reagiert hast?"

„Nein. Was habe ich denn gesagt?"

„Du hast meiner Frau gesagt, dass das Problem mit meinen Beinen zu tun habe. Du hast ihr gesagt, sie solle meine Beine hochhalten und für sie beten. Du hast ihr Wort für Wort gesagt, was sie beten soll, und als sie das tat, war ich von da an geheilt. Interessant war, dass meine Frau noch nie öffentlich für jemanden gebetet hatte und sich auch nicht wohl gefühlt hätte, so etwas zu tun. Natürlich wusstest du das nicht. Nun, dieses Mal hat sie gebetet und ich wurde geheilt!"

Wieder einmal war ich ziemlich überrascht und dankbar für das, was Gott getan hatte. Aber das, was er als Nächstes sagte, hat mich wirklich umgehauen.

„Erinnerst du dich noch daran, dass du auch für meine Niere gebetet hast?"

„Nein, tut mir leid. Nicht so richtig." Ehrlich gesagt konnte ich mich immer noch nicht an die Einzelheiten unserer kurzen Gebetszeit an diesem Tag erinnern.

Scott erklärte: „Ich hatte eine Nierenerkrankung und musste regelmäßig zur Dialyse. Irgendwann versagten beide meiner Nieren endgültig. Meine einzige Hoffnung auf ein normales Leben war eine Transplantation von einem Spender. Schließlich fanden wir heraus, dass der Bruder meiner Frau ein passender Spender war. Er spendete mir eine seiner Nieren, einige Monate bevor du damals mit uns gebetet hast. Ich bat dich, dafür zu beten, dass alles klappt und mein Körper die neue Niere nicht abstoßen würde.

Ich weiß nicht warum, aber dann erwähnte ich, dass die beiden toten Nieren noch in meinem Körper sind, weil das die normale Vorgehensweise ist: sie drin zu lassen, solange sie keine anderen Probleme verursachen. Du hast sofort geantwortet: ‚Wie wäre es, diese beiden Nieren wieder zum Leben zu erwecken?' Und nachdem du diese Frage gestellt hattest, hast du einfach befohlen, dass sie wiederhergestellt werden."

Als ich zuhörte, war ich mir sicher, dass Scott mir erzählen wollte, dass es seinem Körper jetzt gut gehe, weil die neue Niere perfekt funktioniere und sein Körper sie nicht abgestoßen habe.

Aber das ist nicht das, was er gesagt hat.

„Ich war wieder bei meinem Arzt, um meine Nieren untersuchen zu lassen, und dabei passierte etwas wirklich Verrücktes. Der Arzt sagte mir, *alle drei Nieren* würden jetzt perfekt funktionieren! Die beiden toten Nieren sind wieder zum Leben erwacht!"

Scott erklärte weiter, es gebe ein landesweites Netzwerk von Ärzten, die Informationen über Nierentransplantationsempfänger austauschen. Sie veröffentlichen die Ergebnisse der chemischen Analyse des Urins dieser Patienten, die den Ärzten zeigen, wie gut die Nieren funktionieren. Scotts Werte waren die besten im ganzen Land!

Auf meinem YouTube-Kanal kannst du eine kurze Version von Scotts Zeugnis sehen. Der Titel des Videos lautet: *„Scott Hoeck, THREE KIDNEY MIRACLE!!! – Tom Loud“* (Scott Hoeck, Das Wunder der drei Nieren).

Was ich an dieser Reihe von Wundern so interessant finde, ist, dass es nicht darauf ankam, wie ich mich an diesem Tag fühlte. Unser Zugang zur Kraft des Reiches Gottes basiert nicht auf einem Gefühl. Und wie du an meiner Reaktion auf Scotts Geschichte sehen kannst, waren die Ergebnisse wirklich nicht von meinem persönlichen Glauben abhängig. Es geht nicht darum, dass ich persönlich vom Ausgang einer bestimmten Situation überzeugt bin. Es gibt einfach ein paar Dinge, von denen ich weiß, dass sie wahr sind, weil die Bibel sie sagt.

Das Wissen um die Schlüssel

Die Schlüssel zur Freisetzung der Kraft des Reiches Gottes sind alle mit Wissen verbunden. Wissen hat ein viel größeres Gewicht als einfacher „Glaube“. Wissen ist keine Theorie, keine Vermutung und nicht einmal ein Produkt blinden Glaubens. Vielmehr ist Wissen eine unbestreitbare Tatsache.

Betrachte es doch einmal so: Die Wahrheit ändert sich nicht, abhängig davon, ob jemand daran glaubt. Die Wahrheit ist wahr, egal ob jemand sie für wahr hält oder nicht. Frag dich also Folgendes: Wer kennt eigentlich die Wahrheit über alle Dinge?

Auf diese Frage gibt es natürlich nur eine richtige Antwort. Gott ist der einzige Augenzeuge aller Ereignisse, die jemals stattgefunden haben. Er ist der einzige Eingeweihte in alle Geheimnisse, die je gehütet wurden. Er ist der einzige Schöpfer und Gestalter von allem, was existiert. Derjenige, der alle Naturgesetze kennt und versteht, weil er sie definiert hat. Jesus Christus allein!

Okay, und dieser Eine, der alles weiß, behält nicht alles für sich. Er teilt uns viele Dinge mit. Er hat sogar ein Buch geschrieben, das er den Menschen gegeben hat. Die Bibel ist die Wahrheit, die Gott uns mitteilt. Wenn wir unseren Glauben auf etwas aufbauen wollen, dann auf Gottes Wort, das nicht erschüttert, beseitigt oder verändert werden kann. Wir wollen nicht länger glauben, was die Pastoren, die Gelehrten, die Rabbiner oder die Priester zu sagen haben. Wir wollen die Meinungen und Ideen der Menschen über Bord werfen und uns darauf einigen, dass das, was wir mit Sicherheit *wissen* können, das ist, was Gott uns als wahr mitteilt.

Wenn das, was du glaubst, nicht mit dem übereinstimmt, was Gottes Wort klar und deutlich sagt, dann ist dein Glaube mit Sicherheit falsch. Was genau sagt Jesus über die Menschen, die an ihn glauben?

> *Diese Zeichen aber werden denen folgen, die glauben: In meinem Namen werden sie Dämonen austreiben; sie werden in neuen Sprachen reden; werden Schlangen aufheben, und wenn sie etwas Tödliches trinken, wird es ihnen nicht schaden; Schwachen werden sie die Hände auflegen, und sie werden sich wohl befinden* (Mk 16,17-18).

Wenn du wirklich gläubig bist, dann müssen diese Worte auf dich zutreffen.

Und jetzt haben wir herausgefunden, was die Schlüssel zur Freisetzung der Kraft des Reiches Gottes sind – es sind einfach Wahrheiten Gottes, die richtig verstanden, geglaubt und angewendet werden müssen. Als wiedergeborener Christ hast du bereits alle Schlüssel, die du brauchst, um die Macht des Reiches Gottes in dir zu entfalten.

Die Schlüssel müssen benutzt werden

Stell dir vor, du hättest einen Schlüssel zu einem Tor, hinter dem große Reichtümer verborgen sind. Wenn du ihn nie benutzen würdest, würdest du etwas verpassen. Aber warum sollte jemand einen Schlüssel zu einem großen Reichtum haben, ihn aber nie benutzen? Die einzig vernünftige Antwort wäre: „Weil er nicht weiß, dass er ihn hat." Oder: „Er hat nicht verstanden, wozu der Schlüssel da ist." Du kannst etwas in deinem Besitz haben, aber trotzdem nicht verstehen, was es ist oder wozu es gut ist. Ohne das richtige Wissen wäre der Schlüssel nicht sehr nützlich. Aber mit dem richtigen Wissen ist der Schlüssel sehr nützlich.

Vor Kurzem habe ich genau dieses Szenario im echten Leben erfahren. Ich fand einen Schlüssel in der Tasche einer alten Jacke, hatte aber keine Ahnung, wo er hingehörte, also probierte ich ihn tatsächlich aus. Ich habe verschiedene Türen in unserer Gemeinde und in unserem Haus überprüft, aber ohne Erfolg. Der Schlüssel nützt mir im Moment nichts, doch hat er die Macht, irgendwo eine Tür aufzuschließen.

Ob du es nun glaubst oder nicht, du trägst alle Schlüssel in dir, um alles aufzuschließen, was mit dem Reich Gottes zu tun hat. Die Schlüssel wohnen in dir, wenn du an Jesus Christus glaubst. Interessanterweise sagte Jesus tatsächlich, er werde seinen Nachfolgern „die Schlüssel zum Königreich der Himmel" geben.

Zu dem Zeitpunkt, als er diese Wahrheit aussprach, hatte er noch nicht den ultimativen Preis für die Sünden der Menschheit bezahlt. Er sprach über etwas, das wirksam würde, nachdem er sein Erlösungswerk am Kreuz vollendet hatte. Deshalb sagte er auch nicht: „Ich habe euch ..." Er sagte: „Ich werde euch ..."

Wir, die wir Christus in unser Herz aufgenommen haben, leben in der „Nach-Kreuz-Zeit". Alles, worauf die Menschheit gewartet hat und was nur durch den Messias vollendet werden konnte, ist jetzt da. Wir können jetzt zusammen mit Jesus sagen: „Es ist vollbracht!" Wir warten nicht mehr darauf, die Schlüssel zum Himmelreich zu erhalten. Sie sind hier für alle, die glauben.

Er hat das Werk vollendet, zu dem ihn der Vater gesandt hat, es zu vollbringen. Dann berief er uns, rüstete uns aus und gab uns den Dienst der Versöhnung in dieser Welt. Es ist unsere Aufgabe, Menschen mit Gott zu versöhnen, indem wir das Evangelium verkünden und Gottes Macht als Zeuge für die Wahrheit des Evangeliums demonstrieren. Wir warten nicht auf eine ferne Zukunft, um die Schlüssel zum Reich Gottes zu erhalten. Wir haben sie schon.

Jesus hat seinen Teil getan. Er hat versprochen, uns die Schlüssel zu geben, und er hat dieses Versprechen erfüllt. Aber es liegt an uns, diese Realität zu erkennen und die Schlüssel so zu benutzen, wie Gott es will.

Der ganze Vers bei Matthäus erklärt es so: *„Ich werde dir die Schlüssel des Reiches der Himmel geben; und was immer du auf der Erde binden wirst, wird in den Himmeln gebunden sein, und was immer du auf der Erde lösen wirst, wird in den Himmeln gelöst sein"* (Mt 16,19). In diesem Vers sagt Jesus ganz klar, dass er uns die Schlüssel zum Königreich der Himmel geben wird, aber dieser Vers sagt uns nicht, wie wir sie benutzen sollen. Genau das müssen wir also lernen. Wie können wir diese Schlüssel benutzen, um Menschen in Gottes Reich zu führen? Das kann nur gelingen, wenn wir besser verstehen, wie das Reich Gottes funktioniert.

Genauso wie die natürliche Welt von Naturgesetzen regiert wird, gibt es auch in der geistlichen Welt Gesetze. Wenn ich nach dem Geist leben und nach den Regeln der geistlichen Welt handeln will, brauche ich ein klares Verständnis dieser Regeln.

Die geistliche Welt

Das Erste, was du verstehen musst, ist, dass die Regeln oder „Gesetze" der geistlichen Welt sich von den Gesetzen der natürlichen Welt unterscheiden. Einige der Unterschiede sind offensichtlich. Gott und seine Engel sind nicht durch Zeit und Raum eingeschränkt, wie wir es sind. Sie scheinen die Fähigkeit zu haben, manchmal für die natürliche Welt sichtbar zu werden, während sie die meiste Zeit über unsichtbar bleiben. Aber ob sichtbar oder unsichtbar, die geistliche Welt interagiert immer mit der natürlichen Welt und beeinflusst sie.

Weil die geistliche Welt für uns unsichtbar ist, neigen wir dazu, sie für „weniger real" zu halten. Wenn wir jedoch wirklich über den Grund für ihre Existenz nachdenken, müssen wir zu dem Schluss kommen, dass die geistliche Welt „realer" ist – falls es so etwas gibt. Der Grund dafür ist, dass die geistliche Welt ewig ist. Alles, was wir sehen, ist vorübergehend. Fast wie ein Schatten.

Außerdem wird die geistliche Welt für immer existieren. Sie ist ewig. Es ist spannend, über die geistliche Welt nachzudenken. Aber andererseits ist sie für uns sehr schwer zu begreifen, weil sie sich von der natürlichen Welt unterscheidet – der einzigen Welt, die wir kennen.

Die geistliche Welt zu verstehen, ist eher mit dem Zusammensetzen eines Puzzles zu vergleichen als mit dem Bau eines Hauses. Wenn du ein Haus bauen würdest, müsstest du genau wissen, mit welchen Materialien du beginnen musst. Aber beim Zusammensetzen eines Puzzles kannst du mit jedem Teil beginnen. Die Reihenfolge, in der du sie zusammensetzt, ist nicht so wichtig, solange du alle Teile hast und sie schließlich an der richtigen Stelle einsetzt.

Sobald du alle Schlüssel verstanden hast, kannst du das Puzzle zusammensetzen und das Bild wird sehr klar.

Wo sind die Schlüssel?

> *Und als er von den Pharisäern gefragt wurde: Wann kommt das Reich Gottes?, antwortete er ihnen und sprach: Das Reich Gottes kommt nicht so, dass man es beobachten könnte; auch wird man nicht sagen: Siehe hier! Oder: Siehe dort! Denn siehe, das Reich Gottes ist mitten unter [oder: ist innerhalb von] euch* (Lk 17,20-21).

Alle Gaben des Geistes sind jetzt gerade in dir, weil der Heilige Geist in dir ist. Wenn der Heilige Geist sich in dir niederlässt, kommt er nicht mit leeren Händen. Er bringt alle seine Gaben mit. Ist das nicht eine ganz einfache Logik?

Es ist verwunderlich, dass wir uns so schwer tun, das zu begreifen. Der Heilige Geist lebt in uns, und das bedeutet, dass seine ganze übernatürliche Kraft in uns wohnt. Diese Macht muss nur aufgedeckt werden, oder vielleicht sollten wir sagen „entdeckt".

Wenn du entdeckst, was dir innewohnt, weil Gott in dir wohnt, dann kannst du anfangen, in der Kraft des Reiches Gottes zu wirken! Mein Ziel ist es, dass jeder wiedergeborene Gläubige in der Fülle dessen lebt, was Gott uns, seinen Kindern, gegeben hat. Allerdings müssen wir uns danach sehnen und bereit sein, in dieser Kraft zu leben. Wir müssen erleben wollen, wie die Macht seines Reiches die wachsamen Augen einer verlorenen und sterbenden Welt öffnet. Denjenigen, die verzweifelt nach Beweisen dafür suchen, dass Gott in der Welt von heute lebendig und aktiv ist.

Wir müssen dieses Ziel mehr wollen als unsere persönliche Bequemlichkeit, unsere Zweifel, Unsicherheiten oder alles andere, was uns in die Quere kommen könnte.

Kapitel 3

Der Schlüssel der Identität

Unsere Identität in Christus ist das Wichtigste für alles, was wir tun und glauben. Denke über Folgendes nach: Deine Meinung wird niemals dasselbe Gewicht haben wie Gottes Sicht der Dinge. Gott beurteilt jede Person, Situation oder Sache und urteilt zu Recht. Er irrt sich nie. Er weiß über alles Bescheid. Wir anderen haben meist nur Meinungen.

Weder meine Meinung noch deine noch die anderer Menschen werden je das Gewicht von Gottes perfekter Urteilskraft haben. Aber oft stellen wir das, was Gott über uns sagt, in Frage. Manchmal sehen wir uns als unrein an, als machtlos, als Opfer oder als bloße Sterbliche. Es gibt tausend andere mögliche Einschränkungen und Schwächen, die wir uns in unserem Kopf und Herzen auferlegen. Aber die Wahrheit darüber, wer wir sind, findet sich in dem, was Gott über uns denkt und sagt. Es ist seine Sichtweise, die richtig ist, nicht unsere.

Und auch nicht die von jemand anderem.

Wer bist du also aus Gottes Sicht? Du bist die Gerechtigkeit Gottes:

> *Den, der Sünde nicht kannte, hat er für uns zur Sünde gemacht, **damit wir Gottes Gerechtigkeit wurden** in ihm* (2 Kor 5,21).

Du bist nicht besiegt. Du bist ein Überwinder:

> *Aber in diesem allen **sind wir mehr als Überwinder** durch den, der uns geliebt hat* (Röm 8,37).

Du gehörst zu Gottes Familie:

So seid ihr also keine Fremden mehr, geduldete Ausländer, sondern ihr seid Mitbürger der Heiligen ***und gehört zur Familie Gottes*** (Eph 2,19 NeÜ).

Jesus Christus war der Sohn Gottes. Sein Status als „Sohn" befähigte ihn zu den erstaunlichen Taten, die er vollbrachte.

Aber wie sieht Gott dich? Was ist dein Status?

Seht, welch eine Liebe uns der Vater gegeben hat, dass wir ***Kinder Gottes heißen sollen!*** *Und wir sind es* (1 Joh 3,1).

Du bist ein Sohn bzw. eine Tochter Gottes. Es kommt oft vor, dass wir uns als Bettler sehen, die von den Resten leben, die von Gottes Tisch fallen. Aber so sieht uns Gott ganz und gar nicht.

Dem, der uns liebt und uns von unseren Sünden erlöst hat durch sein Blut und uns gemacht hat ***zu einem Königtum, zu Priestern seinem Gott und Vater:*** *Ihm sei die Herrlichkeit und die Macht von Ewigkeit zu Ewigkeit! Amen* (Offb 1,5-6).

Wir könnten so weitermachen, denn es gibt noch viele weitere Verse in der Bibel, die uns sagen, was Gott wirklich über uns denkt. Aber jetzt geht es darum, dass du erkennst, dass du wahrscheinlich ganz anders über dich denkst als Gott. Ich laufe normalerweise nicht herum und denke, dass ich ein König bin. Du wahrscheinlich auch nicht.

Aber als ein Kind Gottes bist du genau das. Du gehörst zur königlichen Familie. Und die geistliche Welt erkennt diese Autorität an. Die Frage ist, ob du sie anerkennst oder nicht. Ich werde das ein wenig erläutern.

Angenommen, es gibt ein bestimmtes Königreich. Der König hat viele Frauen und daher viele Kinder. Die Kinder des Königs haben besondere Rechte und Privilegien. Aber noch wichtiger als das ist, dass sie Autorität haben. Wenn Menschen in die Gegenwart eines Prinzen kommen, verbeugen sie sich. Sie argumentieren nicht. Sie fordern ihn nicht heraus. Und sie kämpfen schon gar nicht.

Was wäre, wenn einer dieser Prinzen nicht wüsste, wer er ist? Nehmen wir an, er hat sein Gedächtnis verloren und lebt nun unter den einfachen Leuten. Er trägt gewöhnliche Kleidung und arbeitet in einem normalen Job, zahlt Miete, Steuern und muss seinen Chef aushalten. Noch schlimmer ist, dass es Betrüger gibt, die den Prinzen ausnutzen. Diese Leute hassen den König und das Königreich. Sie wissen, wer der Prinz wirklich ist, aber da er es nicht weiß, tun sie gerne Dinge, die ihm schaden. Und das werden sie auch weiterhin tun. Sie werden seine Autorität weder erkennen noch anerkennen.

Und warum?

Weil er sie selbst nicht erkennt. Warum sollten sie es also tun? Wenn der Prinz nicht erkennt, wer er ist und welche Macht er hat, werden sie es ihm sicher nicht sagen. Stattdessen werden sie ihn einfach weiter ausnutzen und auf ihm herumtrampeln.

Aber sobald der Prinz begreift, wer er ist – seine wahre Identität –, ändert sich alles. Der Prinz nimmt seinen rechtmäßigen Platz im Königreich ein. Er zieht sein königliches Gewand an, setzt sich auf einen Thron und beginnt, Befehle zu erteilen, die das Gewicht eines Gesetzes haben. Was werden die gleichen Leute jetzt tun?

Werden sie den Befehlen des Prinzen gehorchen?

Und ob sie das werden! Sie müssen es tun. Sie haben nicht einmal eine Wahl.

Und so ist es auch mit dem Feind. Sobald wir erkennen, wer wir in Christus sind, ist es für den Teufel vorbei. Du hast die Autorität eines Königs. Du hast den geistlichen Status eines Priesters. Gott sagt, dass du dieselbe Macht und Autorität hast, die Jesus demonstriert hat, als er auf der Erde war.

Zu verstehen, wer wir in Gottes Augen sind, ermöglicht es uns, in zuversichtlicher Autorität zu leben. Wir begegnen dem Feind öfter, als uns wahrscheinlich bewusst ist. Die Bibel lehrt uns, dass immer dann, wenn jemand im Unglauben ist, der Feind ihn gefangen hält. Gott hat die Krankheit nicht erschaffen und sie kommt auch nicht von ihm. Schon zu Zeiten des Alten Testaments sagte er seinem Volk, dass er „alle Krankheit" von ihnen wegnehmen würde, wenn sie nur seinen Geboten gehorchen würden.

Jetzt, wo wir durch Jesus Christus zur Gerechtigkeit Gottes geworden sind, ist diese Anforderung erfüllt. Wir dürfen die

Vorteile einfach genießen! Wenn wir also mit Krankheit konfrontiert werden, können wir Autorität über sie ausüben. So wie Jesus Menschen begegnete, die unterdrückt, versklavt oder blind waren oder voller Angst und Hoffnungslosigkeit lebten, begegnen wir denselben Festungen des Feindes und haben die Macht, Menschen zu befreien. Genau wie Jesus haben wir den Heiligen Geist in uns wohnen, und das bedeutet, dass wir alles haben, was nötig ist, um den Nöten der Menschen zu begegnen.

Berufen und ausgerüstet

Als Gottes Söhne und Töchter haben wir nicht nur die Fähigkeit, die Bedürfnisse der Menschen nach Heilung, Befreiung und Versorgung zu stillen, sondern wir haben auch die Verantwortung, diese Dinge zu tun. So wie der Vater Jesus dazu berufen hat, seine Macht zu demonstrieren, damit der Vater verherrlicht wird, sind auch wir dazu berufen, das Gleiche zu tun.

Du bist von Gott berufen, die gleichen Dinge zu tun, die Jesus tat.

Vor einigen Jahren unterrichtete ich in London, als eine Frau aus Indien auf mich zukam und erklärte, sie sei zu mir gekommen, weil sie wisse, dass sie die Gabe des Redens in anderen Sprachen erhalten würde, wenn ich für sie beten würde. *Okay, das ist mal was anderes,* dachte ich mir.

Ehrlich gesagt, weiß ich nicht, ob ich wirklich glaubte, dass ich ihr diese besondere Gabe vermitteln konnte oder nicht. Es schienen einige Zweifel zu bestehen. Aber ich schob meine eigenen Gedanken und Meinungen beiseite und verließ mich stattdessen auf Gottes Wahrheit. „Was auch immer die Not ist, der Vater hat mich als seinen Sohn dazu ausgerüstet, ihr zu begegnen", sagte ich mir. Dann legte ich ihr die Hände auf und glaubte, dass Gott die Not stillen würde, genauso wie er es tun würde, wenn Jesus selbst dieser Frau die Hände auflegen würde.

Das war völlig neu für mich. So etwas hatte ich noch nie getan. Aber ich ließ Gott einfach Gott sein, der durch mich handelte, und tatsächlich erhielt die Frau genau das, was sie wollte.

Wenn Jesus nie vor einer Herausforderung stand, die er nicht bewältigen konnte, dann sollte auch Jesus, der in dir lebt, nie einer Herausforderung begegnen, die er nicht bewältigen kann. Wenn du erkennst, dass das, was Gottes Wort über dich sagt, auch das ist, was du wirklich bist, und dass das, was Gott sagt, dass du es tun kannst, auch das ist, was du tatsächlich tun kannst, dann kannst du anfangen, in der Fülle der Macht zu wirken, die Gott allen seinen Kindern zur Verfügung stellt.

Die Identität bestimmt die Rechte

Staatsbürgerschaft ist wichtig. Denke einmal darüber nach! Wenn jemand ein US-Bürger ist und ins Ausland reist, hört er dann auf, ein US-Bürger zu sein? Hat er seine Staatsbürgerschaft für eine gewisse Zeit aufgegeben? Nein, definitiv nicht. Und diese Staatsbürgerschaft hat auch ihre Vorteile. Falls ein Krieg ausbricht oder ein anderes Problem auftritt, kann der US-Bürger bei der US-Botschaft in dem betreffenden Land Zuflucht suchen.

Du kennst sicher die Filme, in denen ein US-Bürger im Ausland in Schwierigkeiten mit den örtlichen Behörden gerät. Wenn dieser dann von den Behörden des anderen Landes gejagt wird, rennt er auf das Tor der Botschaft zu und schreit: „US-Bürger!" Die Soldaten, die das Tor bewachen, öffnen es gerade so weit, dass der US-Bürger passieren kann, und schlagen es zu, bevor die „bösen Jungs" durchkommen können. Das war's. Der Kampf ist vorbei. Die ausländischen Behörden haben keine Macht oder Befugnis, das Tor zu passieren und den US-Bürger zu holen.

Was ist deine Staatsbürgerschaft?

Philipper 3,20 sagt uns, dass wir, wenn wir gerettet sind, Bürger des Himmels sind!

Wir sind zwar noch nicht im Himmel, aber wir sind trotzdem vollwertige Himmelsbürgerinnen und -bürger mit allen Rechten und Privilegien, die damit verbunden sind. Wir sind Bürger des höchsten und mächtigsten Reiches im ganzen Universum!

Ich möchte dir von dem Prozess erzählen, den ich durchlaufen habe, um US-Bürger zu werden. Er war sehr lang und schwierig. Bist du bereit?

Ich bin hier geboren.

Das war natürlich ein Scherz, dass der Prozess lang und schwierig gewesen sei. Ich habe nichts getan, um mir meine Staatsbürgerschaft zu verdienen. Ich wurde in sie hineingeboren. Wenn wir wiedergeboren werden, erhalten wir sofort das volle Bürgerrecht im Himmel. Wir müssen nichts tun, um uns unsere Rechte zu verdienen.

Bereits als ich ein Baby war, hatte ich alle Rechte eines US-Bürgers. Ich hatte sie in dem Moment, in dem ich geboren wurde, und genauso ist es auch im Reich Gottes. Du musst dich nicht bis zu einem gewissen Punkt hocharbeiten, an dem du endlich deine Rechte erhältst. Du hast sie von Anfang an!

Der Teufel will offensichtlich nicht, dass wir das wissen bzw. die Konsequenzen daraus verstehen. Denn im Grunde bedeutet das, dass wir uns seinen Müll nicht gefallen lassen müssen!

Also tut er alles, was er kann, um uns darüber im Unklaren zu lassen. Auf diese Weise versucht er, die Kontrolle zu behalten, selbst über Menschen, die Macht und Autorität im Königreich haben. Er kann ihnen nicht wirklich die Macht nehmen, weil er nicht die Autorität dazu hat. Aber was er tut – und das ist sehr effektiv – ist, dass er uns belügt. Er arbeitet ständig daran, diejenigen, die Rechte, Macht und Autorität haben, zu täuschen, damit sie denken, dass sie diese Dinge nicht haben. Deshalb ist es so wichtig, dass wir unsere Identität in Christus voll und ganz kapieren!

Vielleicht hast du schon die Geschichte über Elefanten in Thailand gehört. Sie besagt, dass Elefanten in Thailand seit Jahrhunderten als Lasttiere eingesetzt werden. Sie werden von den Einheimischen dort seit jeher eingesetzt, um die wertvollen Teakbäume aus dem Dschungel zu holen.

Die Elefanten sind für die Industrie sehr wertvoll, und manchmal müssen die Arbeiter in den Dschungel gehen, um einen jungen wilden Elefanten einzufangen. Natürlich muss der wilde Elefant gezähmt und darauf trainiert werden, sich seinen menschlichen Herren unterzuordnen.

Wenn ein wilder Elefant gefangen wird, ist er zunächst verständlicherweise nicht sehr kooperativ. Er will nicht gezähmt oder trainiert werden. Deshalb ketten die Betreuer eines der

Hinterbeine des jungen Elefanten an einen sehr flexiblen Baum. Um sich zu befreien, beginnt der Elefant an der Kette zu ziehen. Er zieht und zieht mit aller Kraft und dann zieht er noch mehr. Während er an der Kette zerrt, wird sie immer enger um seinen Knöchel, schneidet in seine Haut und macht sein Bein sehr wund.

Wenn die Schmerzen am Bein schlimmer werden, wird er immer noch ziehen, aber mit weniger Kraft. Dann ein bisschen weniger. Dann weniger.

Nach einer Weile hört der Elefant schließlich auf zu ziehen. Er hat gelernt, dass er die Kette nicht zerreißen kann, und akzeptiert seine Niederlage.

Wenn dieser Tag endlich gekommen ist, ist der Elefant so weit, dass man ihn für die Arbeit einsetzen kann. Er kann nun von seinen Herren dazu benutzt werden, Teakbäume zu ernten. Sein Führer kann ihn mit einem einfachen Seil herumführen, und er wird ihm folgen und gehorchen. Er wird nicht versuchen, wegzulaufen. Und warum?

Weil die Kette immer noch um sein Bein liegt.

Sie ist auf der anderen Seite mit nichts verbunden. Aber der Elefant glaubt immer noch, dass eine Flucht nicht möglich ist, also wird er es nicht einmal versuchen. Er ist eigentlich frei. Er könnte jederzeit weglaufen. Aber er glaubt, er sei ein Gefangener, und das hält ihn gefangen.

Das ist genau das, was vielen Christen passiert. Wenn wir wiedergeboren werden, ist die Kette zerbrochen. Doch dann kommt der Feind und sagt: „Du bist immer noch gefangen. Du gehörst immer noch mir. Ich habe dich in der Hand. Du hast keine Macht, zu entkommen."

Wir blicken auf die Kette um unseren Knöchel und sagen: „Ja, er hat recht. Ich bin immer noch ein Gefangener. Wenn ich versuche zu kämpfen, wird das nur in einer Niederlage enden."

Der Feind wird versuchen, unsere Augen vor dem zu verschließen, was wir besitzen. Er will unsere Identität im Dunkeln lassen. Er will die Wahrheit über unsere Identität, wie sie in Gottes Wort offenbart wird, verdunkeln und verwischen. Hat er Erfolg, wird das dazu führen, dass wir blind im Dunkeln herumtappen und sagen: „Ich glaube, ich kann es nicht."

Lass nicht zu, dass er das mit dir macht! Es ist wichtig, dass du jetzt tief in dich gehst und entschlossen wirst. Entscheide dich, dass du von nun an nicht mehr zulässt, dass er das mit dir oder mit anderen machen wird. Beschließe, dass du in der Fülle dessen wandeln wirst, was du in Christus bist.

Entscheide dich, dieses Buch bis zum Ende zu lesen und anzuwenden.

Nimm dir vor, die Wahrheit des Wortes Gottes, die in diesem Buch erläutert wird, vollständig zu begreifen und zu ergreifen.

Geh aufs Ganze!

Identität bestimmt Autorität

Das Wort „Macht" im Neuen Testament wurde aus mehreren verschiedenen griechischen Wörtern übersetzt. *Exousia* ist Macht im Sinne der Autorität, die eine bestimmte Person besitzt. Wenn ich sagen würde, dass der Präsident der Vereinigten Staaten eine Menge Macht hat, würde ich von *exousia* sprechen. Das andere griechische Wort ist *dunamis*. *Dunamis* steht für Macht im Sinne von dynamischer Energie. Es ist derselbe Wortstamm, aus dem das Wort „Dynamit" abgeleitet ist.

Der Präsident der Vereinigten Staaten hat auch *dunamis*-Macht, zumindest zu seiner Verfügung. Seine *exousia*-Macht gibt ihm die Autorität, über physische *dunamis*-Macht, wie z. B. menschliche Muskeln, militärische Ausrüstung und militärische Waffen, zu gebieten und sie einzusetzen.

Genau wie der Präsident verfügt Gott über beide Arten von Macht. Ihm stehen Armeen von Engeln zur Verfügung, und er hat auch die Fähigkeit, seine Feinde physisch zu unterwerfen, zu verletzen oder zu vernichten, wenn er es will.

Was er uns gegeben hat, um in der geistlichen Welt zu agieren, ist, zumindest in erster Linie, die *exousia*-Macht. Wenn ein Kind Gottes, das seine von Gott gegebene Autorität versteht, im Glauben spricht, werden sich geistliche Wesen und geistliche Realitäten dem autoritativen Befehl fügen. Dann wird die physische Realität widerspiegeln, was in der geistlichen Welt geschehen ist. Das geschieht ohne jede körperliche Anstrengung des

Sprechers. Ein Kind Gottes muss keine physische Gewalt anwenden, zumindest nicht persönlich. Engel können bei der Ausführung des Befehls eine Rolle spielen, müssen es aber nicht.

Ein Kind Gottes muss nicht in die Details eingeweiht sein, wie sein Befehl ausgeführt wird. Auch ein Militärgeneral muss nicht unbedingt die Details kennen, wie seine Befehle ausgeführt werden, wenn er sie erteilt. Er kann einfach sagen: „Bombardiert den Feind" oder „Schaltet den Flugplatz aus" oder „Zerstört alle Straßen und Brücken, die zu dieser feindlichen Festung führen", und jemand anderes wird den Befehl ausführen.

Alles in der Schöpfung wurde darauf programmiert, Gottes Autorität zu gehorchen. Ja, Gott gibt einen freien Willen. Er befiehlt bestimmte Dinge, und die Menschen können sich dafür entscheiden, zu gehorchen oder nicht zu gehorchen. Die gefallenen Engel und Dämonen haben sich entschieden, generell in Rebellion gegen Gott zu leben. Sie halten sich nicht an die allgemeinen Gebote, die Gott uns allen für unser Leben gegeben hat. Aber wenn es einen bestimmten Befehl mit Autorität gibt, haben sie keine Wahl. Sie müssen gehorchen.

Wenn es um den Feind geht, kannst du ihn dir wie einen gefangenen Kriminellen vorstellen. Wenn man einen gewalttätigen Kriminellen frei herumlaufen lässt, lebt er in Ungehorsam und Rebellion und richtet im Leben der Menschen Chaos an. Aber wenn die Polizei ihn findet und sein Haus stürmt, wird er gefesselt und ins Gefängnis geworfen. Er wird gefügig gemacht und zum Gehorsam gezwungen. Auch wenn er es nicht will, wird er jetzt tun, was ihm gesagt wird. Er hat keine andere Wahl.

In diesen Szenarien bist du nicht der Soldat oder die Polizei. Du bist der Polizeichef! Du bist der Präsident. Du bist der König und der Priester. Alles, was du tun musst, ist, dir deiner Autorität bewusst zu sein und den Befehl zu geben. Die Armeen Gottes stehen dir zur Verfügung. Sie warten darauf, dass du ihnen Befehle gibst.

Warum unsere Identität so wichtig ist

Gottes Wille ist in dieser Welt noch nicht vollständig verwirklicht worden. Wenn alles wiederhergestellt ist und wir in dem leben, was die Bibel „den neuen Himmel und die neue Erde" nennt, werden alle in perfekter Harmonie mit Gottes Willen leben. Aber im Moment gibt es noch überall Rebellion. Die Auswirkungen dieser Rebellion sind noch immer zu spüren, und die Armeen des Feindes sind immer noch auf freiem Fuß. Sie laufen frei herum und richten im Leben der Menschen Chaos an.

Deshalb hat Gott uns beauftragt, Kranke zu heilen, Dämonen auszutreiben, Wunder zu wirken und sein Wort zu predigen. Seine Macht liegt in den Händen seiner Kinder. Als seine Kinder sind wir dafür verantwortlich, mit ihm zusammenzuarbeiten und die Reich-Gottes-Arbeit zu tun.

Er hat uns einen ziemlich großen Spielraum gegeben, wenn es darum geht, wie wir unsere Autorität ausüben. Gott möchte, dass wir in jeder Situation unser Urteilsvermögen einsetzen, um seinen Willen zu erfüllen. Wir sind nicht perfekt, aber die gute Nachricht ist, dass wir das auch nicht sein müssen. Wir sind sehr unvollkommene Gefäße in diesem Leben, aber Gott benutzt uns trotzdem!

In 1. Korinther 13,11-12 heißt es: *„Denn wir sehen jetzt mittels eines Spiegels undeutlich, dann aber von Angesicht zu Angesicht. Jetzt erkenne ich stückweise, dann aber werde ich erkennen, wie auch ich erkannt worden bin."*

Der Vers besagt, dass wir bei schwachem Licht in einen Spiegel schauen. Wir schauen in einen Spiegel, und was wir sehen, ist nicht vollständig beleuchtet. Das Bild ist ein bisschen dunkel. Was zeigt uns ein Spiegel? Er zeigt uns uns selbst!

Wir wissen auch, dass die Bibel sich selbst mit einem Spiegel vergleicht:

> *Wer die Botschaft Gottes nur hört, aber nicht danach handelt, ist wie ein Mensch, der in einen Spiegel blickt: Er sieht sich, wie er ist, und betrachtet sich kurz. Aber dann geht er weg – und schon hat er vergessen, wie er aussah* (Jak 1,23-24 GNB).

Das Wort Gottes ist ein Spiegel. Es ist der Spiegel Gottes. In diesem Vers aus dem Jakobusbrief wird dasselbe griechische Wort, *esoptron*, verwendet wie in dem Vers aus dem ersten Korintherbrief. Worum geht es also? Es geht darum, dich so zu sehen, wie du wirklich bist. Gottes Spiegel gibt dir das genaueste Bild davon, wer du wirklich bist. Er sagt dir, wie Gott dich wirklich sieht, und seine Sicht ist nicht verzerrt! Er ist derjenige, der klar sehen kann. Das, was er über dich sagt, ist wahr.

Wenn du also nachschaust, was Gottes Wort über dich sagt, wirst du sehen, wer du wirklich bist. Der Abschnitt im Jakobusbrief ermutigt uns auch, das Wort Gottes zu tun. Er lehrt, dass jeder, der nicht tut, was das Wort sagt, den Spiegel nicht sehr effektiv benutzt.

Wie können wir also den Spiegel von Gottes Wort am besten nutzen? Indem wir sicherstellen, dass wir eine Menge Regeln befolgen? Keine Hosen in der Gemeinde für die Damen? Keine Hüte drinnen und keine Schimpfwörter?

Manche Menschen glauben fälschlicherweise, dass diese Bibelstelle in Jakobus uns auffordert, das Wort Gottes als eine Art Inspektionsgerät zu benutzen. Statt „Spiegel" lesen sie „Vergrößerungsglas" und glauben, dass Gottes Wort in erster Linie dazu da ist, uns alle unsere Fehler vor Augen zu führen. Wir sollen all die Dinge sehen, denen wir nicht gerecht werden, damit wir härter daran arbeiten können, all die Dinge zu vermeiden, die falsch sind.

Gottes Regeln sind gut und notwendig, aber sie treffen nicht den Kern der Sache. Genauso wenig ist es das Ziel, sich auf unsere Fehler zu konzentrieren. Haben wir einmal unsere Sünde klar erkannt, bereut und um Vergebung gebeten, will Gott nicht, dass wir weiter darüber nachdenken. Er vergisst sie vollständig. Wenn du dir die Predigten und Lehren Jesu ansiehst, wirst du sehen, dass er uns nicht empfiehlt, uns auf unsere eigenen Fehler zu konzentrieren, um eine unerreichbare moralische Perfektion zu erreichen. Wie werden wir also zu Tätern des Wortes?

Der beste Weg, ein Täter des Wortes zu sein, ist, Gottes Reich voranzubringen, so wie Jesus es getan hat: Indem du zu den Verlorenen gehst, ihnen die gute Nachricht verkündest und gute

Werke tust. Begegne ihren Nöten und mache sie mit einem Vater bekannt, der sie liebt. Befreie alle, die vom Teufel unterdrückt werden. Das ist es, wozu Jesus seine Jünger ermutigt.

Um das zu tun, müssen wir tief und vollständig verstehen, wer wir in Christus sind. Eine Person, die nicht nach ihrer Identität in Christus lebt, ist nicht darauf bedacht, nach dem Wort Gottes zu leben. Sie schaut sich das Wort an und bekommt einen Eindruck davon, wer sie in Gottes Augen wirklich ist, aber dann geht sie nicht hinaus und lebt entsprechend dem, was es über sie sagt.

Sie verliert ihre wahre Identität und wird anfällig dafür, eine falsche Identität anzunehmen, die ihr von der Welt, dem Teufel oder sogar von ihrem eigenen fleischlichen Verstand aufgedrängt wird.

Sei nicht jemand, der vergisst, was er im Wort Gottes sieht! Erinnere dich daran, was es über dich sagt.

Gottes Wort ist vertrauenswürdig

Ein Spiegel erzeugt nicht das Bild, das wir sehen, wenn wir in ihn blicken. Der Spiegel reflektiert lediglich das, was tatsächlich da ist. Mit anderen Worten: Der Spiegel lügt nicht. Er übertreibt nicht. Der Spiegel sagt nur, wie es ist, indem er das Licht reflektiert.

Wusstest du, dass ein Spiegel einen Sonnenstrahl über eine Entfernung von bis zu acht Kilometern reflektieren kann? Aber hast du jemals versucht, einen Strahl der Dunkelheit zu reflektieren? Dunkelheit kann nicht reflektiert werden. Genau genommen gibt es so etwas wie einen Strahl der Dunkelheit gar nicht, denn Dunkelheit existiert nicht, zumindest nicht von sich aus. Sie hat keine physikalischen Eigenschaften. Sie kann nicht gemessen werden. Sie kann nicht kanalisiert, gebändigt oder für irgendeinen Zweck genutzt werden.

Dunkelheit ist nur die Abwesenheit von Licht.

Es ist die Abwesenheit von Macht.

Und wie nennt die Bibel Satan? Die Bibel nennt ihn „den Fürst der Finsternis". Wir könnten auch sagen, die Bibel nennt ihn „den Fürsten der Abwesenheit von Macht" oder den „Fürst der Abwesenheit von Licht".

Und das sagt genau zwei Dinge über ihn aus: Erstens, er hat keine wirkliche Macht. Die einzige „Macht", die er hat, ist delegierte Macht. Gott hat die wahre Macht. Zweitens, Satan versucht ständig, die Menschheit in der Dunkelheit zu halten – das heißt, er versucht uns vom Licht des Wortes Gottes fernzuhalten!

Er weiß, dass er die Oberhand zu behalten vermag, wenn er uns davon abhalten kann, zu verstehen und vollständig anzunehmen, was die Bibel über uns sagt. Aber er hat auch Angst davor, dass du verstehst, was die Bibel über dich sagt. Er weiß, dass er dir nicht gewachsen ist, wenn du die Wahrheit darüber erfährst, was Gottes Wort über dich aussagt.

> *Als die zweiundsiebzig Jünger zurückkehrten, berichteten sie ihm voller Freude: „Herr, sogar die Dämonen gehorchen uns, wenn wir sie in deinem Namen austreiben!"* (Lk 10,17 NLB).

Der Teufel weiß, dass er seine Knie beugen muss, wenn du in der geistlichen Welt lebst mit dem vollen Wissen darüber, wer du in Christus bist. Wenn du mit der Autorität des Reiches Gottes sprichst, ist er erledigt. Der Feind hat der Autorität des Reiches Gottes nichts entgegenzusetzen – keine Waffe, keine Macht, keine Verteidigung. Dämonen werden dich tatsächlich fürchten. Ist das nicht interessant? Die meisten Menschen denken, Dämonen seien etwas, vor dem man sich fürchten müsse, aber die Bibel lehrt, dass der Feind sich vor uns fürchtet!

Was Gottes Wort über dich sagt, ist das, was wahr ist. Der Spiegel lügt nicht.

Die neue Schöpfung

Die Bibel sagt uns in 2. Korinther 5,17: *„Daher, wenn jemand in Christus ist, so ist er eine neue Schöpfung; das Alte ist vergangen, siehe, Neues ist geworden."* Es ist nicht so, dass das alte Leben noch da ist und allmählich weniger und weniger wird. Es ist völlig verschwunden!

Du warst ein Sünder, aber jetzt bist du ein Heiliger.

Du warst ein Sklave, aber jetzt bist du ein König.

Gott hat dir sozusagen ein neues Drehbuch für dein Leben gegeben – das Wort Gottes – und er möchte, dass wir unsere neue Rolle vollständig verstehen. Er möchte, dass unser Denken und Handeln dem entspricht, was wir wirklich sind. Leider denken zu viele Christen, dass sie im Grunde immer noch dieselbe Person sind, die sie vorher waren. Sie denken, dass sie jetzt besser leben sollten, aber sie begreifen nicht, dass sich ihr Wesen grundlegend verändert hat. Die alte Rolle wurde aus dem Drehbuch gestrichen, aber natürlich versucht der Feind weiterhin, uns dazu zu bringen, diese alte Rolle zu spielen: Sünder. Besiegt. Bezwungen. Sklave.

> *Ihr aber habt den Christus nicht so kennengelernt. Ihr habt ihn doch gehört und seid in ihm gelehrt worden, wie es Wahrheit in Jesus ist: dass ihr, was den früheren Lebenswandel angeht, den alten Menschen abgelegt habt, der sich durch die betrügerischen Begierden zugrunde richtet, dagegen erneuert werdet in dem Geist eurer Gesinnung und den neuen Menschen angezogen habt, der nach Gott geschaffen ist in wahrhaftiger Gerechtigkeit und Heiligkeit* (Eph 4,20-24).

Es ist so leicht zu vergessen, dass du eine neue Schöpfung bist. Der Teufel will uns glauben machen, dass wir immer noch derselbe „alte Mensch" sind. Er versucht, dies für uns zu einer Identität zu machen, der wir nie entkommen werden. Glaube ihm nicht. Er ist ein Lügner. Glaube, was Gottes Wort über dich sagt. Stimme mit dem überein, was er sagt.

Er sagt: „Du bist ein König. Ein Priester. Nicht nur ein Überwinder, sondern mehr als ein Überwinder." Er sagt, dass du ein Heiliger bist. Sein Kind. Sein Sohn. Seine Tochter. Ein vollwertiger Erbe mit allen Rechten und Privilegien.

Wenn du so lebst, als wäre das nicht wahr, widersprichst du Gott. Manche Christen machen den Fehler zu denken, dies habe mit Demut zu tun. Demut bedeutet, andere Menschen für wichtiger zu halten als dich selbst. Demut bedeutet, dem nicht zuzustimmen, was der Feind über dich sagt. Wenn du mit dem, was Gott über dich sagt, nicht übereinstimmst, könnte man das sogar als den Gipfel des Stolzes bezeichnen.

Wer bist du, dass du seinen Worten widersprichst?

Unser Gott liebt uns und er teilt seine großartige Macht und sein Wesen mit uns. Das Ausmaß und die Art seiner Liebe zu uns übersteigt unsere kühnsten Vorstellungen. Sie übersteigt alles, was wir uns vorstellen können.

Gott sagt, dass du eine erstaunliche Schöpfung bist – sein Meisterwerk. Du bist sein geliebter Sohn bzw. seine geliebte Tochter. Du bist nicht irgendein Fremder, der von der Straße hereinkommt und in seinem Haus umherwandert. Du bist ein Teil der Familie. Gottes geistliche DNA fließt durch deine Adern.

Du hast seine Kraft in dir, und er hat dich dazu berufen, sie für sein Reich einzusetzen. Das ist es, was du bist. Die Bibel sagt es, also musst du es glauben.

Dann sagte er zu ihnen: „Geht in die ganze Welt und verkündet die Gute Nachricht allen Menschen! Wer zum Glauben kommt und sich taufen lässt, wird gerettet. Wer nicht glaubt, den wird Gott verurteilen. Die Glaubenden aber werden an folgenden Zeichen zu erkennen sein: In meinem Namen werden sie böse Geister austreiben und in unbekannten Sprachen reden. Wenn sie Schlangen anfassen oder Gift trinken, wird ihnen das nicht schaden, und Kranke, denen sie die Hände auflegen, werden gesund."
Nachdem Jesus, der Herr, ihnen dies gesagt hatte, wurde er in den Himmel aufgenommen und setzte sich an die rechte Seite Gottes. Die Jünger aber gingen und verkündeten überall die Gute Nachricht. Der Herr half ihnen dabei und bekräftigte die Botschaft durch die Wunder, die er geschehen ließ (Mk 16,15-20 GNB).

KAPITEL 4

Der Schlüssel der Autorität

Einmal manifestierte sich in einer Frau, der ich in Seattle diente, ein dämonischer Geist. Als ich diesen aufforderte, aus der Frau herauszukommen, antwortete er: „Das muss ich nicht. Ich habe ein Recht darauf, in ihr zu sein." Normalerweise beginnen Menschen, die eine solche Antwort erhalten, ein Gespräch mit dem Dämon. Das geht in der Regel etwa so:

„Welches Recht hast du, in dieser Frau zu sein?"

Der Dämon wird oft etwas sagen wie: „Sie hat Tarotkarten benutzt, als sie jünger war". Oder vielleicht: „Sie hat als Teenager viele sexuelle Sünden begangen." Wie auch immer die Antwort ausfällt, sie basiert in der Regel auf etwas, an dem die Person teilgenommen hat oder wo sie gewesen ist. Diese Art von Gespräch kann eine ganze Weile hin und her gehen, wenn du es zulässt. Aber es gibt noch eine andere Möglichkeit.

Als dieser böse Geist mir sagte, dass er nicht gehen würde, weil er ein Recht habe, in dieser Frau zu sein, ließ ich den Geist wissen, wer ich war und welche Autorität ich hatte. Ich antwortete: „Du bist ein Lügner und hast keine Rechte. Du kommst jetzt sofort und ohne weitere Diskussion heraus."

Sofort war der „Kampf" vorbei. Der Geist verschwand, weil ich verstanden hatte, dass Jesus mir Autorität über alle Mächte des Teufels gegeben hatte.

> *Siehe, ich habe euch die Macht gegeben, auf Schlangen und Skorpione zu treten, und über die ganze Kraft des Feindes, und nichts soll euch schaden* (Lk 10,19).

Der Dämon musste tun, was ich ihm sagte. Keine Ausreden und kein Feilschen.

Wenn du das Wort Gottes kennst, *dann kennst du die Wahrheit.* Das Wort Gottes gibt uns eine unanfechtbare Grundlage, auf der wir stehen können. Wir handeln mit der gleichen Autorität, die Christus hatte, als er auf der Erde wandelte und seinen Dienst tat.

Dem Wort glauben

Das Wort Gottes sagt uns, was für uns möglich ist, nicht unsere Erfahrungen in der Vergangenheit. Das Wort Gottes sagt uns, wer wir in Gottes Augen sind, und erklärt uns klipp und klar die Autorität, die uns gegeben ist: Jesus Christus hat uns Autorität über *alle* Macht des Feindes gegeben. Der Feind hat etwas, das man durchaus „Macht" nennen kann, aber Jesus hat uns Autorität über diese Macht gegeben. Er sagt, dass der Feind uns nichts anhaben kann und dass wir den Feind „zertreten" werden. Was glaubst du, wer hier die Oberhand hat? Glaubst du den Worten von Jesus?

Wir müssen uns nichts verdienen. Diese Autorität wird uns als Söhne und Töchter des Königs verliehen. Wenn du wiedergeboren wirst, erhältst du diese Autorität als dein Geburtsrecht.

> *Und Jesus trat zu ihnen und redete mit ihnen und sprach: Mir ist alle Macht gegeben im Himmel und auf Erden* (Mt 28,18).

Der Vater hat Jesus „alle Vollmacht" gegeben, und dann hat Jesus seine Vollmacht an uns delegiert. Aber vergiss nicht, dass ein Prinz, der seine Rolle im Reich – und die Autorität, die er hat – nicht versteht, leicht von einem Betrüger ausgenutzt werden kann.

Doch weil ich meine Autorität *kenne, erwarte ich, dass* die Dinge gehorchen, wenn ich spreche. Wenn ich sage, dass der Schmerz gehen soll, erwarte ich, dass er geht. Warum? Weil mein Vater mir Autorität über Schmerzen, Krankheiten und Gebrechen gegeben hat. Wenn ich einen Dämon austreibe, erwarte ich, dass er verschwindet. Warum? Weil mein Vater mir Autorität über Dämonen gegeben hat.

Das ist keine Arroganz. Es ist einfach der Glaube an Gott. Ich glaube, was er über mich und meinen Status als sein Sohn sagt.

Als ich einmal für das verletzte Bein eines Mannes beten wollte, sagte er zu mir: „Das wird nicht funktionieren."

Ich fragte: „Warum sagst du das?"

„Ich weiß, dass es nicht funktioniert, denn vor dir haben schon hundert Leute für mich gebetet, und ich bin immer noch nicht geheilt worden!"

Im Natürlichen hätte ich das vielleicht als gültigen Einwand akzeptieren können. Schließlich sagt der natürliche Verstand, dass es wahrscheinlich sinnlos ist, etwas noch einmal zu versuchen, wenn es schon hundertmal versucht wurde und nicht funktioniert hat. Doch in diesem Moment rief ich mir einfach die Autorität ins Gedächtnis, die mir gegeben ist. Das ermöglichte es mir, im Glauben zu reagieren.

„Es spielt keine Rolle, wie oft für dich gebetet wurde. Ich werde es befehlen, und dieses Mal wird es geschehen!"

Er glaubte mir immer noch nicht. Er schüttelte nur den Kopf, aber ich nahm meine Autorität in Anspruch und befahl, dass sein Bein geheilt werden sollte. Zu seiner Überraschung war das Bein sofort wieder heil!

Wenn du deine Autorität nicht kennst, kann es zu Herausforderungen kommen, die dich dazu bringen, dein eigenes Recht in Frage zu stellen, diese Autorität zu nutzen. Wenn du deine eigene Autorität in Frage stellst, wird dein Glaube nicht sehr stark sein und die Ergebnisse, die du erzielst, entsprechend nicht besonders gut. Es ist wichtig, dass du dir in der Frage der Autorität Klarheit verschaffst.

Du hast sie.

Das Einzige, was dich davon abhalten kann, darin zu leben, bist du selbst!

Du bist Gottes Plan A, und er hat keinen Plan B

Gott hat uns geschaffen, obwohl er die ganze Zeit wusste, dass der Mensch fallen würde. Er wusste auch, dass er den höchsten Preis für die Erlösung der Menschen würde zahlen müssen – das

Leben seines Sohnes. Aber erstaunlicherweise entschied er, dass wir es wert sind!

Vor meinem geistigen Auge kann ich fast sehen, wie der Vater zu sich selbst sagt: „Ich weiß, dass es passieren wird. Der Mensch wird fallen und ich werde herunterkommen müssen und ihn retten, aber das ist es wert. Es ist jeden Preis wert, denn am Ende, wenn mein Plan vollendet ist, wird mein Haus voller Söhne und Töchter sein, und sie werden für immer mit mir leben. Ich werde meine Liebe über sie ausschütten, und sie werden ihre Liebe mit mir teilen."

Das ist Gottes Absicht – nicht die des Menschen. Das ist Gottes Plan – nicht der des Menschen. Er hat dich und mich gerettet, als wir hoffnungslos in unseren Sünden verloren waren, und er hat uns seine Gerechtigkeit geschenkt. Außerdem hat er uns als seine Kinder adoptiert. Dann schenkte er uns das ewige Leben und bereitete einen Ort vor, an dem wir für immer mit ihm leben können, denn das ist es, was er will. Er möchte die Ewigkeit mit dir und mir verbringen.

Bitte mich nicht darum, diese Art von Liebe zu erklären, denn der natürliche (fleischliche) Verstand kann sie nicht begreifen. Stattdessen musst du es in deinem Geist glauben und als Tatsache akzeptieren, weil es in Gottes Wort geschrieben steht.

Wenn du denkst, dass deine Sünden zu groß sind, als dass der Herr sie vergeben könnte, unterschätzt du die Größe von Gottes Liebe. Wenn deine Sünden größer sind als Gottes Liebe, dann kann dir natürlich nicht vergeben werden. Aber wenn Gottes Liebe größer ist als deine Sünden, dann ist dir die Vergebung gewiss.

Seine Liebe zu uns ist eine Möglichkeit, unsere Autorität in ihm zu beweisen. Keinem anderen Lebewesen hat er die gleiche Zuneigung entgegengebracht wie uns Menschen – seinen Kindern. Seinem Plan A.

Der Thron Gottes

Wusstest du, dass ein Thron nicht nur ein Stuhl ist? Nein, er ist viel mehr als nur ein Stuhl. Ein Thron ist ein Symbol für Macht und Autorität. Es gibt einen Thron im Himmel, und alles muss seine Knie vor diesem Thron beugen. Das Interessanteste an diesem Thron ist, dass er mit uns zu tun hat: Die Bibel sagt uns, dass wir mit Christus auf seinem Thron in den himmlischen Örtern sitzen, und dass wir genau in diesem Moment mit Jesus dort sitzen!

In Epheser 2,6 sagt die Bibel: *„Er hat uns mitauferweckt und mitsitzen lassen in der Himmelswelt in Christus Jesus."*

Wo sitzt Jesus? Er sitzt auf seinem Thron. Wenn du also bei ihm sitzt, wo sitzt du dann? Du sitzt auf seinem Thron!

Diese Wahrheit wurde mir nie deutlicher als in dem Moment, als ich Cam Ward traf. Cam war mit Anfang dreißig zweifacher Weltmeister in Mixed Martial Arts[1]. Kannst du dir die Verletzungen vorstellen, die Cams Körper als professioneller Sandsack ertragen haben muss? Ich kann es nicht. Und ich will es auch nicht!

Damals hatte sich Cam kurz zuvor einer Operation unterzogen, um die lähmenden Schmerzen seiner verletzten L5-Bandscheibe, der S1 Nervenwurzel und seiner Rückenverletzungen zu lindern. Schäden an der L5-Bandscheibe sind besonders schmerzhaft – um nicht zu sagen gefährlich –, da sie einen Übergangsbereich von der Lendenwirbelsäule zum unteren Rücken darstellt und dafür verantwortlich ist, die Last von der Wirbelsäule auf das Becken zu übertragen. Mit anderen Worten: Wenn deine L5-Bandscheibe lädiert ist, ist dein ganzer Körper in Mitleidenschaft gezogen.

Und die von Cam war lädiert. Cam beschrieb seine Schmerzen als 8,5 von 10 – und das von jemandem, der beruflich mit Schmerzen zu tun hat! Er konnte sich nicht einmal bücken und seine Zehen berühren. Zu dem Zeitpunkt, als ich für ihn betete, kannte ich noch nicht die ganze Geschichte, aber später erfuhr ich, dass seine Mutter mir auf YouTube gefolgt war und ihren Sohn aus einem anderen Bundesstaat eingeflogen hatte, damit ich an diesem Abend für ihn betete.

---

[1] Mixed Martial Arts („Gemischte Kampfkünste"; kurz MMA) ist eine Vollkontakt-Kampfsportart … Die Kämpfer bedienen sich sowohl der Schlag- und Tritttechniken (Striking) des Boxens, Kickboxens, Taekwondo, Muay Thai und Karate als auch der Bodenkampf- und Ringtechniken (Grappling) des Brazilian Jiu-Jitsu, Ringens, Judo und Sambo. Auch Techniken aus anderen Kampfkunstarten werden benutzt. Dass auch im Bodenkampf geschlagen und zum Teil getreten werden darf, ist das Hauptunterscheidungsmerkmal zu anderen Vollkontaktsportarten … (Wikipedia, Zugriff am 1.9.2023).

Cam war bei Chirurgen, Physiotherapeuten und Chiropraktikern, aber keiner konnte ihm so weit helfen, dass er seine täglichen Aufgaben ohne extreme Beschwerden erledigen konnte.

Als ich für Cam betete, befahl ich, dass die Bandscheibe neu gemacht wurde und dass alle Schmerzen und Einschränkungen verschwinden. Dann bat ich Cam, es zu überprüfen ...

Der ganze Schmerz war weg! Weißt du, warum? Weil mein Befehl von der gleichen Position im Himmel kam wie sie Gott, der Vater, und Jesus haben. Weil mein Befehl vom höchsten Thron kam, den es je gab und geben wird.

Danach versuchte Cam, das zu tun, was er vorher nicht tun konnte. Er drehte sich, bückte sich, berührte seine Zehen, und alle Bewegungen waren wieder vollständig hergestellt.

So etwas kommt bei uns häufig vor, aber Cam kam am Ende des Gottesdienstes zu mir, um mir zu berichten, dass er sich bei dem ganzen „Heilungszeug", mit dem seine Mutter zu tun hatte, nicht so sicher gewesen sei. Aber jetzt hatte er überhaupt keine Zweifel mehr. Das ist die Macht unserer Positionierung bei Christus.

Wenn du einen Teil von Cams Zeugnis sehen möchtest, findest du es auf meinem YouTube-Kanal unter dem Titel: *World Champion MMA Fighter Cam Ward Healed by Jesus! –Tom Loud.* (MMA-Weltmeister Cam Ward von Jesus geheilt!)

Der Thron im Himmel ist ein Ort der Macht. Da Jesus in uns ist und wir in ihm, sitzen wir mit ihm auf dem Thron neben Gott, dem Vater, und haben Anteil an dieser Macht.

Jedes dämonische Fürstentum ist unter seinen Füßen, und wir sind in seinem Leib. Jedes geistliche Wesen, das nicht auf dem Thron sitzt, muss sich vor ihm und vor dir beugen (durch die Erweiterung seiner Autorität in dich hinein). Das schließt Engel, Dämonen, Fürstentümer und Mächte ein. Die Dinge im physischen und im geistlichen Bereich müssen sich vor dir beugen, weil du mit Christus in der Position der höchsten Autorität sitzt.

Deine Position bei Jesus in den „himmlischen Örtern" zu verstehen, ist entscheidend, um die Macht zu ergreifen, die dir durch seinen Heiligen Geist angeboten wird.

Ich habe, ich gebe

Schauen wir uns an, wie ein Heilungsgebet aussieht, wenn es auf der Grundlage unserer Autorität in Christus gebetet wird.

In Apostelgeschichte 3,1-8 (NLB) heißt es:

> *Eines Nachmittags gegen drei Uhr gingen Petrus und Johannes in den Tempel, um am Gebet teilzunehmen. Als sie hinkamen, wurde gerade ein Mann herbeigetragen, der von Geburt an gelähmt war. Wie an jedem Tag wurde er an den Eingang des Tempels gebracht, der allgemein die „Schöne Pforte" hieß, damit er dort bei den Leuten betteln konnte, die zum Tempelbezirk kamen. Als er Petrus und Johannes sah, die gerade den Tempel betreten wollten, bat er auch sie um etwas Geld. Petrus und Johannes blickten ihn aufmerksam an, und Petrus sagte: „Sieh uns an!" Der gelähmte Mann blickte erwartungsvoll auf, weil er glaubte, dass er etwas bekäme. Doch Petrus sagte: „Ich habe kein Geld für dich. Aber was ich habe, gebe ich dir. Im Namen von Jesus Christus von Nazareth: Steh auf und geh!" Dann nahm er den Gelähmten an der rechten Hand und half ihm auf. Als er das tat, wurden die Füße und Knöchel des Mannes geheilt und erhielten ihre Kraft zurück. Er sprang auf, konnte auf seinen Füßen stehen und fing an umherzugehen! Dann trat er – gehend, hüpfend und Gott lobend – mit ihnen in den Tempel.*

Petrus kannte seine Autorität als Sohn Gottes. Petrus hat nicht den Vater gebeten, den Mann zu heilen. Petrus nahm seine Verantwortung wahr und nutzte die Vollmacht, die Gott ihm gegeben hatte. Petrus sagte: *„... was ich habe, gebe ich dir. Im Namen von Jesus Christus von Nazareth: Steh auf und geh!"*

Er sagte: „Ich habe, ich gebe." Der Mann, der von Geburt an lahm war, wurde sofort geheilt und begann zum ersten Mal in seinem Leben zu laufen und zu hüpfen. Petrus hatte verstanden, wie er die ihm übertragene Autorität ausüben konnte.

Diese Fähigkeit ist nicht nur bei Petrus zu finden. Jede andere Heilung in der Apostelgeschichte, die auf das Gebet eines Jüngers zurückgeht, folgte demselben Muster. Diesem Muster können auch wir folgen.

Als ich eines Tages einen Bruder aus unserer Gemeinde schulte, ging ich mit ihm zu unserem örtlichen Busbahnhof, um nach Menschen zu suchen, denen ich dienen konnte. Wir beobachteten, wie ein Bus anhielt und eine Frau im Rollstuhl ausstieg.

Wir sprachen die Frau an, um herauszufinden, ob wir für sie beten könnten. Nachdem wir uns vorgestellt hatten, sagte sie, ihr Name sei Maya. Ich fragte Maya, was ihre körperlichen Probleme seien. Sie erzählte von einem schweren Unfall, in den sie verwickelt gewesen war, bei dem ihr Auto von einem anderen Fahrzeug gerammt und ihre gesamte linke Seite vom Hals bis zu den Füßen gequetscht worden war.

Maya konnte nicht gehen und hatte Schmerzen von oben bis unten. Ich sagte ihr, dass Jesus sie heilen könne, wenn sie uns beten lassen würde.

Sie sagte: „Ja, bitte."

Ich legte meine Hand auf Mayas Schulter und betete, indem ich befahl, dass jeder Teil ihres Körpers wieder so wird, wie er vor dem Unfall war, und dass alle Schmerzen sofort verschwinden. Ein Körperteil von Maya nach dem anderen wurde geheilt und alle Schmerzen verschwanden.

Dann fühlte ich mich ziemlich mutig und sagte: „Willst du versuchen zu gehen?"

Maya sagte, sie würde es gerne versuchen. Sie klappte die Fußstützen ihres Rollstuhls zur Seite, stützte sich ab und stand auf. Und sie ging!

Maya wurde vollständig geheilt und konnte ihren Rollstuhl nach Hause schieben. Einen Teil von Mayas Zeugnis findest du auf meinem YouTube-Kanal unter dem Titel: *„'Get out of that wheelchair and walk!' Jesus heals years of pain –Tom Loud."* (Steig aus dem Rollstuhl und geh!' Jesus heilt jahrelange Schmerzen.)

Ich habe, ich habe gegeben. Du hast, du kannst auch geben.

Wenn manche Leute mich beten hören, nehmen sie Anstoß und sagen Dinge wie: „Was glaubst du, wer du bist, dass du Gott befiehlst, was er tun soll?" Sie verstehen nicht im Geringsten, um was es hier geht. Ich gebe Gott keine Befehle. Aber ich gebe allem, was uns unterstellt worden ist, Befehle, also auch Krankheiten, Dämonen und sogar der Natur selbst.

Jesus hat genau das Gleiche getan und uns dann gesagt, dass auch wir es tun sollen. Das Problem ist unser Unglaube in Bezug auf das, was das Wort Gottes klar sagt. Wenn wir nicht aufpassen, kann es sein, dass wir unseren Erfahrungen, den Erfahrungen anderer und den Traditionen, die von anderen gelehrt wurden, mehr vertrauen und glauben als dem Wort Gottes. Frag dich, ob eines dieser Dinge über seine Autorität gestellt werden sollte. Nein! Lies Psalm 138,2 (LUT):

Ich will anbeten zu deinem heiligen Tempel hin und deinen Namen preisen für deine Güte und Treue; denn du hast dein Wort herrlich gemacht um deines Namens willen.

Petrus sagte, dass er etwas hatte. Er sagte, dass er das, was er hatte, dem Lahmen geben würde, und der Lahme wurde geheilt. Ich habe das, was Petrus hatte, und du hast es auch. Ich habe den Heiligen Geist empfangen, der die ganze Macht des Reiches Gottes besitzt, und er möchte dieses Reich durch mich demonstrieren, so wie er es bei Petrus getan hat. Und nicht nur durch mich, sondern durch jedes Kind Gottes. Wenn das Reich Gottes in dir lebt, dann kann alles, was das Reich Gottes ausmacht, durch dich kommen – wenn du es zulässt.

Das ist es, was Jesus uns aufgetragen hat, mit dem zu tun, was er uns gegeben hat:

Umsonst habt ihr empfangen, umsonst gebt (Mt 10,8).

Du kannst mit dem Wort diskutieren, aber es ist viel besser, ihm einfach zu glauben.

Habe ich die Gabe des Heilens?

Es gibt ein paar Fragen, die häufig auftauchen, wenn wir über das Wirken in den Gaben des Geistes im Gegensatz zum Wirken in der Autorität des Gläubigen sprechen. Diese Unterscheidung mag seltsam klingen, aber wir müssen verstehen, dass jeder Person im Leib Christi bestimmte Gaben gegeben sind, die sie ohne viel Wissen einsetzen kann. Die Kraft des Heiligen Geistes, Wunder zu vollbringen, kann jedoch von jedem Gläubigen in Anspruch genommen werden, wenn es die Situation erfordert – vorausgesetzt, er versteht seine Autorität.

Was zum Beispiel die Gabe der Heilung angeht, sagen manche Leute: „Ich weiß nicht, ob ich heilen kann, weil ich nicht die Gabe der Heilung habe.“ Ich möchte, dass du weißt, dass du, wenn du mit dem Heiligen Geist erfüllt bist, unabhängig davon, ob du die Gabe der Heilung hast oder nicht, heilen kannst, weil du Gottes Vollmacht erhalten hast. Diese Vollmacht kann gegen jedes Werk des Widersachers eingesetzt werden, auch gegen Krankheit und Gebrechen.

Wir sitzen mit Christus in einer viel höheren Position der Autorität als seine Jünger vor seinem Gang zum Kreuz. In Lukas 10,19 sagte Jesus bereits vor der Kreuzigung zu den Jüngern: „Seht, ich habe euch Vollmacht gegeben über *alle* Macht des Feindes. Ihr könnt unter Schlangen und Skorpionen umhergehen und sie zertreten. Nichts wird euch verletzen“ (meine Umschreibung).

Noch bevor der Heilige Geist gesandt wurde, um die Herzen der Menschen zu erfüllen, gab Jesus den Jüngern Vollmacht über die Macht des Feindes! „Alles“ bedeutet alles, was der Feind tun kann.

Zweiundsiebzig dieser Männer wurden von Jesus ausgesandt. Sie waren erstaunt, dass nichts den von ihnen gesprochenen Befehlen widerstehen konnte, zu denen auch Heilungen und das Austreiben böser Geister gehörten (vgl. Lk 10,17).

Wenn jemand die Gabe der Heilung nicht braucht, um heilen zu können, wozu hat er dann diese Gabe? Denke einmal darüber nach! Es ist eine sehr berechtigte Frage, die eine Antwort verdient. Ich habe dazu eine Theorie.

Stell dir vor, du siehst eine Person, die eine komplizierte Chopin-Komposition auf dem Klavier spielt. Die Person am Klavier ist 35 Jahre alt und übt schon seit 20 Jahren. Du kannst dir leicht vorstellen, dass sie durch das lange und fleißige Üben sehr erfolgreich geworden ist. Ihr Erfolg ist auf harte Arbeit zurückzuführen.

Stell dir vor, du siehst ein vierjähriges Kind, das dieselbe Chopin-Komposition fehlerfrei spielt – vielleicht sogar besser als die Person, die 20 Jahre lang geübt hat. Es hat höchstens ein oder zwei Jahre Erfahrung. Das bedeutet, dass es dieses Niveau in einer erstaunlich kurzen Zeit erreicht hat.

Was würdest du über ein solches Wunderkind sagen? Die meisten würden sagen: „Es hat eine Gabe." Eine solche Gabe geht weit über das natürliche Lernniveau hinaus. Man könnte sie sogar als eine Art angeborene, fast übermenschliche Fähigkeit bezeichnen, von der viele sagen würden, dass sie von Gott kommt.

Ich habe festgestellt, dass ich gelegentlich Menschen entdecke, die tatsächlich die Gabe des Heilens haben. Ohne jede Ausbildung und ohne jegliches Wissen steigen sie direkt in die Materie ein. Sie beten für Menschen und erleben wundersame Heilungen, die sie sich einfach nicht erklären können. Wenn du die Gabe der Heilung erhalten hast, wirst du sie wahrscheinlich eher zufällig entdecken. Eines Tages wirst du für jemanden beten, der geheilt wird, und du wirst genauso überrascht sein wie er!

In diesen Fällen hat Gott einer Person eine übernatürliche Begabung gegeben, die wie ein natürlicher Reflex funktioniert und keine bewusste Anstrengung oder Gedanken erfordert. Es scheint für sie ganz natürlich zu sein. Wenn du jedoch nicht die Gabe der Heilung hast, könntest du genauso beten wie die Person mit der Gabe, und dennoch würdest du keine Ergebnisse erzielen. Hier kommt das Wissen ins Spiel.

Mit dem richtigen Wissen kannst du die Autorität, die Gott seinen Kindern gegeben hat, gekonnt einsetzen und die gleichen Ergebnisse erzielen.

Ich habe Bücher über die Heilung von Kranken gelesen, die von einigen der berühmtesten Leute im Heilungsdienst verfasst wurden, aber ihre Methoden haben bei mir nicht funktioniert. Ich glaube, dass bestimmte Menschen, die mit Heilungswundern Erfolg haben, Bücher darüber schreiben, wie man sie vollbringen kann, aber sie verstehen nicht, dass das, was für sie natürlich ist, für den Rest von uns nicht natürlich ist.

Weil sie sich dieser Tatsache nicht bewusst sind, sagen sie Dinge wie: „Alles, was ihr tun müsst, ist beten und Glauben haben!" Das Problem ist, dass sie nicht erkennen, dass wir, die wir keine Gabe haben, verstehen müssen, wie man die richtigen Prinzipien anwendet – Prinzipien, die diese begabten Menschen nie anwenden mussten, weil sie die Gabe besitzen.

Für den Rest von uns gilt es, die Methode richtig zu verstehen, bevor wir das Wunder erleben können. Wir müssen ein klares Verständnis unserer Autorität bekommen und wissen, wie wir sie richtig einsetzen, um die gewünschten Ergebnisse zu erzielen. Wir müssen geschult werden, bevor wir die mächtigen Werkzeuge, die Gott jedem von uns gegeben hat, effektiv einsetzen können.

Sei dir bewusst, dass du unabhängig davon, ob du die Gabe hast oder nicht, auf Menschen zugehen und heilen, befreien und das Reich Gottes demonstrieren kannst, wann immer du dich dafür entscheidest.

Deine Autorität ist genug

Eine weitere häufige Frage, was unsere Gaben angeht, ist: Hat außer Jesus noch jemand alle Gaben des Heiligen Geistes?

Nun, ich werde dir sagen, dass niemand von uns alle Gaben in vollem Umfang hat, aber jeder hat jederzeit Zugang zu allen Gaben, wenn sie gebraucht werden. Das ist möglich, weil der Heilige Geist in dir lebt. Der Heilige Geist, der in jedem wiedergeborenen Menschen lebt, hat alle Gaben des Geistes jederzeit bei sich.

Es gibt Zeiten, in denen ich für Dinge gebraucht werde, die nicht meine Hauptbegabung sind. Heilen ist ein Beispiel dafür. Heilen ist nicht meine Hauptbegabung, aber ich kann durch meine Autorität als Sohn Gottes heilen, wenn es nötig ist. Gott hat mich zu verschiedenen Zeiten in der Prophetie, in Worten der Erkenntnis und im Wirken von Wundern benutzt. Aber nichts davon ist meine Hauptbegabung.

Wenn jemand Heilung braucht, kann Jesus der Heiler sein. Er kann das durch dich tun. Du musst nicht darauf warten, dass jemand kommt, der die Gabe hat, denn er ist nicht immer dort, wo die Not ist. Wenn die Not da ist, begegnet Gott der Not durch seinen Heiligen Geist durch jeden, der sich ihm unterordnet.

Leute fragen mich manchmal auch: „Was ist mit Fasten?" Sie denken manchmal: „Ich muss mich erst richtig heilig machen und an einem ganz besonderen Ort sein, bevor ich in diesen Dingen Autorität ausüben kann, also sollte ich besser anfangen zu fasten."

Es ist natürlich nichts falsch daran, zu fasten, zu beten oder dein Leben dem Herrn zu heiligen. Aber das verschafft dir nicht mehr Macht, als dir bei der Wiedergeburt gegeben wurde.

Manche verweisen gerne auf Dinge wie damals, als die Jünger Jesu versuchten, einen unreinen Geist aus einem kleinen Jungen auszutreiben und es nicht schafften. Dann brachte der Vater des Jungen sein Kind zu Jesus und sagte: „Ich habe ihn zu deinen Jüngern gebracht, aber sie konnten den Geist nicht austreiben.

Und Jesus sagte: „Nun, das liegt an ihrem (eurem) Kleinglauben. Aber diese Art kommt nicht heraus, außer durch Gebet und Fasten" (Matthäus 17,19-21, meine Umschreibung).

Man könnte meinen, dass dieser Dämon von einer bestimmten Art war, die man nur dann austreiben kann, wenn man vorher wirklich gefastet, gebetet und sein ganzes Leben in Ordnung gebracht hat. Mehr Fasten hätte ihnen nicht mehr Vollmacht verschafft, aber es wurde diesen Jüngern verordnet, um das Grundproblem anzugehen – ihr Fleisch.

Jesus sagte, dass das Fleisch der Apostel ihnen in die Quere kam. Sie waren nicht geistlich gesinnt, sondern wirkten aus einer irdischen Gesinnung heraus, der Gesinnung des Fleisches.

Fasten hat nicht den Zweck, einen bösen Geist zu schwächen, denn das tut es nicht. Vielmehr ist das Fasten ein Mittel, um unser Fleisch dem Heiligen Geist zu unterwerfen. Sobald du dein Fleisch aus dem Weg geräumt hast, indem du es ein wenig schwächst, kann sich dein Geist ungehindert bewegen. Das ist alles, was es bewirkt. Es macht dich nicht zu einer vollmächtigeren Person. Es gibt dem Fleisch nur weniger Einfluss.

Die Quelle aller Autorität

Jesus zeigt uns, wie der Sohn Gottes seine Autorität einsetzt, wenn es darum geht, Gottes Willen zu erfüllen. In Markus 11,27-28 sprachen die Schriftgelehrten und Pharisäer Jesus an, als er durch ihre Stadt ging. Er verhielt sich so, als hätte er Autorität.

Und das hatte er natürlich auch. Diese Männer verstanden nicht, woher Jesus diese Art von Autorität hatte, und fragten ihn: „Wer hat dir diese Autorität gegeben? Mit welcher Vollmacht tust du diese Dinge?"

Es ist wichtig für uns, diese Frage beantworten zu können. Wir müssen wissen, aufgrund welcher Autorität wir diese Dinge tun. Wenn du zum Beispiel Kranke heilst, mit welcher Vollmacht tust du das? Wir müssen erkennen, wie Autorität funktioniert – dass jemand mit einer höheren Autorität das Recht hat, diese Autorität an jeden weiterzugeben oder zu delegieren, den er dazu auswählt, und Jesus hat dich und mich ausgewählt.

Es gab Zeiten, in denen ich in der Öffentlichkeit wirkte und die Gelegenheit hatte, Verlorene zum Herrn zu führen. Manchmal handelt es sich dabei um Menschen, die vorher nichts über Gott und nur sehr wenig über das Übernatürliche wissen. Habe ich so jemand zu Jesus geführt, dann zeige ich der Person, die erst wenige Minuten im Glauben steht, wie sie für ihren Freund direkt neben ihr beten kann.

Immer wieder haben diese Menschen, die fast nichts wussten, für ihren Kamerad gebetet und durch ihre eigenen Hände ein Wunder erlebt. Ich weiß, wie es funktioniert, auch wenn sie es nicht wissen. Aber indem sie einfach taten, was ich ihnen aufgetragen hatte, trat das Wunder sofort ein.

Um ein Beispiel zu geben: Einmal wurde ich von einer Gemeinde in der Gegend von Detroit eingeladen, sie darin zu schulen, wie man in der Öffentlichkeit Wunder tut. Die erste Lehreinheit war an einem Freitagabend, und am nächsten Tag wollte ich mit Gruppen in die Öffentlichkeit gehen, um für Menschen zu beten.

Am Ende des Abends wäre ich gerne in mein Hotelzimmer gegangen, aber der Pastor hatte eine andere Idee. Bevor ich alle entlassen konnte, kam ein Leiter der Gemeinde nach vorne und fragte: „Wer von euch braucht Heilung? Wir suchen den unmöglichen Fall, damit Tom uns demonstrieren kann, was er gerade gelehrt hat."

Nicht etwa, dass mich das unter Druck gebracht hätte ... Im hinteren Teil des Raumes stand ein Herr, der seine Hand hob und sagte, er sei sicherlich der schlimmste Fall im Gebäude. Sein Name war Will, und alle Augen waren auf mich gerichtet, damit ich das fantastische Wunder vollbrächte. Ich fühlte mich wirklich wie auf dem Präsentierteller. In meinem Herzen sagte ich: „Herr, du musst mir hier helfen!"

Will zählte eine lange Liste von medizinischen Problemen auf, die mit seinem Herz, seiner Atmung, seiner Mobilität usw. zu tun hatten. Dann erzählte er uns, er könne nicht mehr als drei Meter gehen, ohne völlig erschöpft und außer Atem zu sein. Schließlich fand ich eine weitere interessante Sache über Will heraus: Er dachte, Heilung sei nicht für heute. Wills Chef hatte ihn nach der Arbeit zu dem Treffen geschleppt, und Will hatte eigentlich keine Lust gehabt, hinzugehen.

Ich stand also vor einer großen Herausforderung, aber ich konnte mich ihr nicht entziehen. Ich betete für Will und befahl eine vollständige Heilung seines Herzens, seiner Lunge und von allem anderen, was mit seinem Körper nicht in Ordnung war.

Es gab keine Blitze vom Himmel, kein dramatisches Schauspiel. In der Tat schien sich äußerlich nichts zu verändern. Alle Augen waren auf ihn gerichtet.

Alle fragten sich: „Hat Gott Will geheilt?"

Ich sagte Will, er solle in der Kirche umherlaufen. Er ging 10 Meter, dann 20, dann 30 ... keine Anzeichen von Erschöpfung. Dann sagte ich: „Lauf die vorderen Stufen der Kirche rauf und runter". Und das tat er. Dann beschloss Will, um den ganzen Häuserblock zu laufen, in dem sich die Kirche befand.

Wills Schmerzen waren verschwunden, seine Müdigkeit war verschwunden und er hatte wieder Energie.

Am nächsten Tag nahm ich Will persönlich zu einem Einsatz mit. Will ging kilometerweit mit mir und zeigte nicht nur keine Anzeichen von Müdigkeit, sondern betete auch für Menschen und erlebte seine eigenen Wunder! Will – der Mann, der noch Stunden zuvor seine Überzeugung bekannt hatte, dass Heilungen nichts für die Christen von heute seien.

Glaube durch die Ungläubigen

Hier ist noch etwas, das für einige eine große Herausforderung sein wird, so wie es für mich war, als ich es zum ersten Mal erlebt habe: Es gab Zeiten, in denen ich eine Person, die noch nicht gläubig war, ausgewählt habe, um anderen Heilung zu bringen. Ich wies sie dann an, für ihren unerlösten Freund zu beten, und das Heilungswunder geschah, ohne dass sie Jesus als ihren Erlöser kannten.

Ich weiß, das klingt unmöglich, aber manche Dinge sind nur deshalb unmöglich, weil wir nicht den Glauben haben, um sie zu glauben. Der Grund dafür, dass ich einen Ungläubigen anweisen kann, für seinen Freund zu beten, und dann ein Wunder erleben kann, liegt in der delegierten Autorität. Das ist möglich, wenn jemand, der die eigentliche Vollmacht hat, jemand anderen anweist, eine Handlung auszuführen, indem dieser die Anweisungen desjenigen befolgt, der rechtmäßig die Vollmacht hat.

Ein Präsident kann einem Gefreiten in der Armee befehlen, einen Mann mit höherem Rang, z. B. einen Oberst, zu verhaften. Dies ist nicht deshalb möglich, weil der Gefreite eine höhere Autorität hätte als der Oberst, sondern aufgrund der Autorität des Präsidenten, der den Befehl gibt. Genauso kann ich jemanden bitten, etwas unter meiner Autorität zu tun – so wie Jesus es tat – und das Wunder wird geschehen.

Erinnerst du dich daran, wie die Jünger beim Fischen waren und Jesus ihnen erschien und sie fragte, wie es ihnen geht? Schauen wir uns Johannes 21,4-6 an. Dort heißt es: *„Als aber schon der frühe Morgen anbrach, stand Jesus am Ufer; doch wussten die Jünger nicht, dass es Jesus war. Jesus spricht nun zu ihnen: Kinder, habt ihr wohl etwas zu essen? Sie antworteten ihm: Nein. Er aber sprach zu ihnen: Werft das Netz auf der rechten Seite des Bootes aus! Und ihr werdet finden. Da warfen sie es aus und konnten es vor der Menge der Fische nicht mehr ziehen."*

Die Jünger hatten keinen Glauben für das, was geschehen sollte, aber sie führten die Anweisungen Jesu aus, der die Autorität hatte. Und das Wunder geschah.

Woher bekomme ich meine Autorität? Von Jesus natürlich! Wenn ich für Kranke bete, befolge ich einfach die Anweisungen, die Jesus mir gegeben hat, damit sich das Wunder manifestiert. Wovon rede ich eigentlich? Wann hat Jesus mir gesagt, dass ich für die Kranken beten soll?

In Matthäus 10,7-8 sagt die Bibel: *„Wenn ihr aber hingeht, predigt und sprecht: Das Reich der Himmel ist nahe gekommen. Heilt Kranke, weckt Tote auf, reinigt Aussätzige, treibt Dämonen aus! Umsonst habt ihr empfangen, umsonst gebt!"*

Lass dir von niemandem einreden, dass die Wunder Gottes – dieselben Wunder, die von den ersten Nachfolgern Jesu gewirkt wurden – nicht mehr existieren. Verstricke dich auch nicht in den Glauben, dass diese Macht nur den zwölf Aposteln vorbehalten war, denn das ist einfach nicht wahr. Diese Macht ist für alle da, die glauben.

In Markus 16,16-18 (NEÜ) sagt die Bibel: *„Wer glaubt und sich taufen lässt, wird gerettet werden. Wer aber ungläubig bleibt, wird von Gott verurteilt werden. Folgende Zeichen werden die begleiten, die glauben: Sie werden in meinem Namen Dämonen austreiben, sie werden in neuen Sprachen reden, wenn sie Schlangen anfassen oder etwas Tödliches trinken, wird es ihnen nichts schaden, Kranken, denen sie die Hände auflegen, wird es gut gehen."*

Über wen wurde dieser Abschnitt geschrieben? „Wer glaubt." Woher bekommen Todd White, Pete Cabrera Jr. oder Tom Loud ihre Autorität?" Von Jesus. Jesus hat uns allen die gleiche Vollmacht gegeben. Als er sagte, dass alle, die an ihn glauben, den Kranken die Hände auflegen können und diese gesund werden, hat er genau das gemeint.

Ich lebe in der Gegend von Seattle und gehe im Sommer gerne ins „Seattle Center", um dort zu dienen. Das ist der Ort, an dem 1962 die Weltausstellung stattfand und an dem heute noch die berühmte *Space Needle* steht. Ich suche gerne nach Herausforderungen, die meinen Glauben erweitern und mich dazu zwingen, aus meiner Komfortzone herauszukommen – um in meinem Glauben zu wachsen.

An einem schönen Augusttag sah ich auf dem Rasen vor dem großen Brunnen eine Gruppe junger Leute, die für ihre Ballettaufführung übten. Ich ging direkt in die Mitte von etwa acht jungen Leuten und stellte mich vor. Ich fragte, ob jemand von ihnen Schmerzen habe, da Jesus sie gerne heilen würde.

Einige der jungen Leute kamen zu mir und erlebten die Kraft Gottes, und viele wurden geheilt. Eine davon war eine junge Frau namens Haley. Das ist eine andere Haley als die, die meine erste wundersame Heilung erlebte. „Haley 2" war ein besonders interessanter Fall, weil sie absolut keinen Glauben an Gott hatte – sie hatte noch nie an Gottes heilende Kraft gedacht!

Haley war mit einer schweren Skoliose der Wirbelsäule geboren worden. Sie konnte nicht einmal ihren rechten Arm diagonal über ihren Körper strecken. Die Skoliose verursachte Schmerzen und Bewegungseinschränkungen – besonders beunruhigend für eine junge Ballerina und angehende Profitänzerin. Bis zu diesem Zeitpunkt hatten die Ärzte Haley keinerlei Hoffnung machen können.

Ich bat Haley, ihre Einschränkung zu demonstrieren, bis es weh tat. Sie tat es und sagte, die Bewegung verursache einen Schmerz der Stufe neun von zehn. Ich berührte Haley nicht einmal – ich hielt nur meine Hand über ihren Rücken und befahl der Skoliose zu verschwinden. Das ist richtig – ich demonstrierte die Autorität, die ich im Sohn Gottes hatte, indem ich einen *Schatten* benutzte, um eine übernatürliche Heilung über Haleys Rücken zu beten.

Ich betete und befahl dabei dem Rücken, den Muskeln, Sehnen, Bändern und Wirbeln, geheilt zu werden. Nach ein oder zwei Augenblicken sagte ich Haley, sie solle tun, was sie vorher nicht habe tun können.

Haley streckte dann ihren rechten Arm diagonal über ihre Brust bis zur anderen Seite ihres Oberkörpers, ohne jegliche Einschränkung. „Er ist jetzt wie eine Null!", sagte sie über ihren Schmerzpegel. Ihr überraschter Gesichtsausdruck war köstlich. Das war das erste Mal in ihrem Leben, dass sie sich normal bewegen konnte!

Haley grinste von einem Ohr zum anderen und sagte: „Die Ärzte waren nie in der Lage, das zu erreichen!"

Dann erzählte ich Haley, dass Jesus sie geheilt hatte, weil er sie liebte, und fragte sie, ob sie ihn als ihren Erlöser annehmen wolle. Sie sagte Ja, und ich leitete sie und zwei ihrer Freundinnen noch am selben Tag an, ein Gebet für Erlösung zu sprechen.

Wenn du etwas von Haleys Zeugnis sehen möchtest, findest du es auf meinem YouTube-Kanal unter dem Titel: *Youth Ballet Troop Healed, Saved, Blown Away!!! – Tom Loud* (Jugendballett-Truppe geheilt, gerettet, weggeblasen!!! – Tom Loud)

Alle Jünger Jesu (also du und ich) haben somit den Auftrag, hinzugehen und die Kranken und Verletzten zu heilen. Die Autorität, die wir durch ihn haben, ist so groß, dass wir sogar einen Schatten benutzen können, um seine Macht zu übertragen. Weil er uns diesen Befehl gegeben hat, hat er seine Autorität an uns delegiert.

Das ist absolut wahr! Du und ich können alle diese Dinge tun, denn wir alle haben unsere Autorität von Jesus, als der höchsten Autorität überhaupt, erhalten.

> *Wahrlich, wahrlich, ich sage euch: Wer an mich glaubt, der wird auch die Werke tun, die ich tue, und wird größere als diese tun, weil ich zum Vater gehe* (Joh 14,12).

KAPITEL 5

Der Schlüssel der Überwindung der fleischlichen Gesinnung

Du fragst dich wahrscheinlich, wie und wann du in der Lage sein wirst, vom fleischlichen Denken auf das geistliche umzuschalten und Gottes Macht zu demonstrieren – die Macht, die dir durch seinen Heiligen Geist so reichlich gegeben wurde. Dazu komme ich gleich, aber vorher möchte ich dir noch ein paar Geschichten erzählen, die dir helfen können, den Prozess zu verstehen.

Todd White ist ein Evangelist, von dem du vielleicht schon gehört hast. Er hat einen sehr einflussreichen Dienst, bei dem er Heilungswunder demonstriert und Worte der Erkenntnis weitergibt. Obwohl inzwischen schon viele Menschen durch seinen Dienst geheilt und gerettet worden sind, musste Todd zuerst für etwa 500 Menschen beten, bevor er seine erste Heilung erlebte! Ich hätte niemals so lange durchhalten können. Hätte ich für 10 Menschen gebetet und keine Ergebnisse gesehen, wäre ich zu dem Schluss gekommen, dass ich einfach nicht das Zeug dazu habe, für die Heilung von Menschen zu beten.

Und dann ist da noch mein Freund Pete Cabrera Jr., der von den Videos inspiriert wurde, die Todd über seinen Dienst gepostet hatte. Er fing an, für übernatürliche Heilungen zu beten, genau wie er es bei Todd gesehen hatte. Ähnlich wie bei Todd betete auch Pete für etwa 300 Menschen, bevor er sein erstes Wunder erlebte. Auch das hätte ich niemals so lange durchgehalten.

Pete war sogar so frustriert darüber, dass er Gott herausforderte. Er sagte: „Herr, ich werde jetzt gehen und einfach genauso für jemanden beten, wie Todd es getan hat; und wenn dann keine Heilung passiert, bin ich fertig damit!"

Am nächsten Tag begegnete Pete einem Mann mit einem Rückenproblem. Genau wie er es bei Todd gesehen hatte, ging er auf den Mann zu und fragte ihn, ob er für ihn beten könne. In Gedanken erinnerte sich Pete daran, dass dieses Gebet sein letzter Versuch war, um zu sehen, ob etwas passieren würde. Pete rechnete damit, dass nichts passieren würde.

Als der Mann zustimmte, dass Pete für ihn betete, gab er sich nicht viel Mühe. Tatsächlich hatte er Todds Gebet auf seine Hand geschrieben und las es nun einfach ab, während er für den Mann betete. Als er fertig war, bat Pete den Mann, seinen Rücken zu testen.

Mit einem verwirrten Gesichtsausdruck sagte der Mann: „Der Schmerz ist weg!"

Aber weißt du, was dann passierte? Pete hat ihm nicht geglaubt! Er sagte: „Komm schon, Mann. Veräpple mich nicht. Ich meine es ernst!"

Der Mann sagte: „Nein, wirklich. Ich mache keine Witze. Die Schmerzen sind weg!" Er war von seinen Rückenschmerzen geheilt worden.

Das war der Durchbruch, den Pete brauchte. Seit diesem Tag sind Tausende durch Petes Gebete geheilt worden und Zehntausende durch Petes Schüler.

Der Tag, an dem ich „nichts" gelernt habe

Meine Geschichte der Wunderheilungen ist mit der von Pete verwoben, denn er ist derjenige, der mir unwissentlich gezeigt hat, wie ich den Schlüssel zur geistlichen Gesinnung ergreifen kann.

Eines Tages saß ich in meinem Büro und meine Sekretärin bat mich, mir ein Video anzusehen, auf das sie bei einer Internetrecherche gestoßen war. In diesem Video sah ich einen Mann namens Pete Cabrera Jr., von dem ich noch nie etwas gehört hatte. Dieser Mann tat etwas, das wirklich wild aussah und das ich vorher noch nie gesehen hatte.

Pete leitete damals eine Suppenküche, und viele Menschen kamen mit den unterschiedlichsten körperlichen Problemen zu ihm. Eines Tages kamen ein Mann und seine Frau in Petes Büro und der Mann klagte über starke Rückenprobleme. Pete bat den Mann, sich auf einen Stuhl zu setzen und seine Füße auf einen Couchtisch zu legen. Dann reichte Pete der Frau des Mannes (die übrigens Atheistin war) die Kamera und bat sie, das zu filmen, was er gleich tun würde.

Pete wies den Mann an, sich aufrecht auf seinen Stuhl zu setzen und seine Beine auszustrecken, sodass sie auf dem Couchtisch lagen. Das Paar hatte Pete gerade erst kennengelernt und hatte keine Ahnung, was er vorhatte.

Nachdem der Mann seine Beine ausgestreckt auf den Tisch gelegt hatte, war es offensichtlich, dass eines deutlich kürzer war als das andere. Pete zeigte dann auf das kürzere der beiden Beine und sagte: „Komm raus, werde genauso lang!"

Ohne einen Moment zu zögern, wuchs das kürzere Bein zu dem anderen heran! Ich war überrascht, aber die atheistische Ehefrau, die es gefilmt hatte, war zutiefst schockiert.

Ein wachsendes Bein hätte mir schon gereicht, um mich zu fragen, ob es echt oder ein Scherz war, aber dann wurde es noch seltsamer! Pete zeigte auf das Bein, das ursprünglich länger war, und befahl ihm: „Komm raus! Mehr, mehr, mehr." Zu meinem Erstaunen wuchs das Bein um etwa acht Zentimeter!

Dann sagte Pete dem Mann, er solle aufstehen und gehen. Da ein Bein acht Zentimeter länger war als das andere, fiel es dem Mann schwer. An diesem Punkt flippte die Frau völlig aus und ihr Mann auch. Pete ließ den Mann sich wieder hinsetzen und ließ beide Beine abwechselnd wachsen und wieder schrumpfen, offenbar nach Belieben.

Als die ganze Sache zu Ende war, waren die Rückenschmerzen des Mannes verschwunden. Die Frau war sich nicht mehr so sicher über ihren Atheismus. Der Mann war völlig geheilt und ich war völlig verblüfft. Ich hinterfragte, was ich sah. Ich fragte mich: „Könnte das echt sein oder nur ein cleverer Betrug? Wer ist dieser Pete? Ist er echt oder ein Schwindler?"

Ich begann, über Pete Cabrera Jr. zu recherchieren. Damals war er noch relativ unbekannt. Es gab nur sehr wenige Informationen über ihn. Ich beschloss, mir das Video in Zeitlupe anzuschauen, Bild für Bild, um zu sehen, ob ich irgendwelche Manipulationen oder betrügerische Schnitte entdecken konnte. Ich fand nichts. Dann begann ich, mir andere Videos von ihm anzusehen, und stellte schließlich fest, dass er authentisch war und die Menschen, für die er betete, keine Schauspieler waren.

Ich musste herausfinden, wie er diese wundersamen Heilungen vollbrachte, von denen viele alles in den Schatten stellten, was ich je gesehen hatte, selbst bei den berühmtesten „Wunderheilern" der Welt. In diesen einfachen, unbearbeiteten Videos wurden Menschen von jeder Art von Krankheit und Gebrechen geheilt, die man sich vorstellen kann. Manchmal heilte Pete mit einem gesprochenen Wort, ein anderes Mal ganz ohne Worte. Manchmal berührte er sie, und manchmal nicht.

Aber egal, was er tat, es schien, als würden die Menschen wirklich und auf dramatische Weise geheilt werden. Ich wollte wissen, was sein Geheimnis war, da ich schon sehr lange für Menschen gebetet, aber noch nie einen solchen Erfolg erlebt hatte. Ich konnte keine Telefonnummer oder E-Mail-Adresse von Pete finden, also versuchte ich, ihn über seinen YouTube-Kanal zu kontaktieren.

Ich wartete und wartete, aber ich hörte nichts. Dann, eines Tages, Monate später, erhielt ich aus heiterem Himmel (und lange nachdem ich die Hoffnung auf eine Antwort aufgegeben hatte), einen Anruf von Pete in meinem Büro. Ich nahm den Hörer ab und er sagte: „Hallo, spreche ich mit Tom Loud? Hier ist Pete Cabrera Jr. Ich bin gerade im Walmart, um Milch zu kaufen. Was kann ich für Sie tun?"

Ich sagte: „Wow, ich fühle mich wirklich geehrt, dass Sie mich angerufen haben, Mr. Cabrera. Ich habe eine Frage."

Er sagte: „Schießen Sie los."

Das Video, zu dem ich Pete befragte, war eines, in dem er für die Schulter einer Frau betete. In dem Video betete Pete ein einfaches Gebet für sie: „Vater, ich danke dir für diese Frau. In Jesu Namen spreche ich zu dieser Schulter und der Rotatorenmanschette[1] und sage ihr, dass sie gesund werden soll."

---

[1] Unter der Rotatorenmanschette versteht man eine Gruppe von 4 Muskeln, deren Sehnen zusammen mit dem Ligamentum coracohumerale eine derbe Sehnenkappe bilden, die das

Die Frau hob ihren Arm zur Seite. Sie konnte ihn zwar besser bewegen als vor dem Gebet, aber er war immer noch nicht voll beweglich.

Pete sagte: „Lassen Sie mich noch einmal beten." Er ergriff ihre Hand und berührte dann ihre Schulter. Dann schaute Pete einfach auf ihre Schulter. Er stand einige Sekunden lang still da und sagte dann: „Versuchen Sie es noch einmal!"

Dieses Mal konnte die Frau ihre Hand hoch in die Luft halten – sie war völlig beweglich. Aber Moment mal. Was war passiert, als er zum zweiten Mal gebetet hatte? Hatte er überhaupt gebetet?

Als ich Pete am Telefon hatte, sagte ich: „Ich muss es wissen. Wenn du während deiner Heilungsgebete nichts sagst, was tust du dann? Stellst du dir die Heilung als ein vollbrachtes Werk vor? Betest du im Stillen in deinem Kopf und in deinem Herzen? Ich möchte wissen, was dir in diesen Momenten durch den Kopf geht."

Das ist, was Pete zu mir sagte: „Tom, ich habe an nichts gedacht."

„Nichts? Du hast an nichts gedacht?"

„Ich habe nichts gedacht oder gebetet."

Ich sagte: „Ist das deine Antwort? Ist das alles?"

Er antwortete: „Das ist es. Das ist meine Antwort. Ich habe an nichts gedacht."

Ich war mehr als nur ein bisschen enttäuscht. Es war, als wäre die Luft in meinem Ballon plötzlich entwichen. Ich war völlig platt. Er gab mir nichts, woran ich mich festhalten konnte. Seine Antwort war im Grunde überhaupt keine Antwort. Nichts davon ergab einen Sinn.

Ich fühlte mich wie einer der Androiden in der Star-Trek-Folge, in der Captain Kirk sagte: „Ich lüge immer."

Diese Aussage ist mit Logik nicht zu verstehen. Wenn du sagst: „Ich lüge immer", dann muss auch das eine Lüge sein, das heißt, du sagst immer die Wahrheit. Aber wenn du immer die Wahrheit sagst, wie kannst du dann sagen, dass du immer lügst?

Schultergelenk umfasst. Sie ziehen vom Schulterblatt zum Tuberculum majus bzw. minus des Oberarmknochens (Humerus). Quelle: Flexikon Doccheck.

Das führte dazu, dass das Gehirn des bösen Androiden „gegrillt" wurde, und als er anfing, aus seinen Ohren zu rauchen, sagte er: „Ergibt keinen Sinn! Ergibt keinen Sinn!"

Was Pete gesagt hatte, passte nicht zusammen. Er hatte gebetet, und dann trat die Heilung ein, aber er hatte dabei nichts gesagt, nichts gedacht und nichts gefühlt!

In einem Anfall von großer Frustration betete ich zu Gott und fragte: „Jesus, was bedeutet das?" Ich war fest entschlossen, die Antwort auf diese Frage zu finden, koste es, was es wolle. Ich meine, wie kann man für jemanden beten und nicht einmal darüber nachdenken? Das ergab für mich überhaupt keinen Sinn.

Und dabei blieb es auch bis sehr viel später.

Es gibt noch etwas, das du über Pete Cabrera Jr. wissen solltest. Pete hat zwei Jahre lang einen umfassenden Heilungskurs bei Curry Blake absolviert. Er nennt sich *Divine Healing Technician Training* (Schulung für göttliche Heilungstechniker) oder DHT. Er betete auch für viele Menschen, erlebte aber trotzdem keine Heilung und wusste nicht, warum. Nachdem er das DHT absolviert hatte und dann auf die Videos von Todd White gestoßen war, betete Pete draußen für die Heilung von Menschen, aber da er keinen Erfolg hatte, wurde er frustriert und stand kurz davor aufzugeben.

Doch kurz bevor er das Handtuch warf, sah sich Pete noch *ein* weiteres Todd-White-Video an und dabei fiel ihm auf, dass Todd sehr einfach und mühelos betete und die Menschen dadurch geheilt wurden. Pete begann, sich ein wenig zu ärgern. In seinem Herzen sagte er: „So einfach kann es nicht sein! Ich bin im Glauben losgegangen und habe mir die Seele aus dem Leib gebetet. Dieser Typ kommt einfach zu jemandem und sagt: ‚Hey, Kumpel! Willst du etwas Verrücktes sehen? Sieh dir das an!', und die Person wird geheilt!"

Aber ich habe gute Nachrichten für dich: Du musst nicht so lange warten wie Todd und Pete, um das Wunder zu erleben. Du kannst schon beim ersten Mal, wenn du betest, Wunder erleben. Es geht nur darum, die richtigen Schlüssel zu haben.

Die Schönheit des Nichts

Ich sah, was Pete tat, aber ich wusste nicht genau, wie er dabei vorging. Ich hörte seine Worte und sah die Ergebnisse, aber es gab etwas, das ich nicht sehen konnte. Ich konnte nicht sehen, was in Petes Kopf oder in seinem Herzen vor sich ging, und ich war überzeugt, dass die Antwort auf diese Frage der Schlüssel war, der mir fehlte.

Bevor ich mich von Pete verabschiedete, stellte ich ihm noch eine Frage: „Woher wusstest du in dem Schultervideo, wie lange du warten musstest, bevor du ihr sagtest, sie solle es noch einmal versuchen?"

Pete antwortete: „Ich weiß es nicht. Ich habe dem Herrn einfach nur Zeit zum Arbeiten gegeben."

Als ich das Telefonat mit Pete beendete, fühlte ich mich, als hätte ich gerade nichts Neues gelernt. Aber dann erinnerte mich der Herr an Römer 8,7.

> *Denn fleischlich gesinnt sein ist Feindschaft gegen Gott, weil das Fleisch sich dem Gesetz Gottes nicht unterwirft; denn es vermag's auch nicht* (Röm 8,7 LUT).

Das Wort „fleischlich" ist hier das griechische Wort *sarkos*, das einfach „Fleisch" bedeutet. Die fleischliche Gesinnung[2] (der natürliche Verstand) ist Feindschaft gegen Gott. Das Wort „Feindschaft", das hier verwendet wird, ist das griechische Wort *echthra*, das „feindlich" bedeutet. Dein natürlicher, fleischlicher „sinnlicher Verstand" ist also nicht nur unfähig, die Dinge des Geistes zu verstehen oder zu empfangen, sondern er ist Gott gegenüber sogar feindlich eingestellt und unfähig, Gottes Wort anzunehmen oder zu glauben.

Du könntest sagen: „Feindlich? Das ist ein aggressives Wort. Ich glaube nicht, dass mein natürlicher Verstand Gott gegenüber feindlich gesinnt ist." Lass mich das erklären.

---

[2] Das englische Wort „mind", das keine direkte Entsprechung im Deutschen hat, wird im Folgenden abwechselnd mit Gesinnung, Sinn, Verstand oder Denken wiedergegeben.

In der Schule habe ich mich dabei ertappt, dass ich „Ich hasse Mathe" auf eine wirklich feindselige Art und Weise gesagt habe. Aber warum war ich Mathe gegenüber feindselig? Deshalb, weil es mich frustrierte, dass ich nicht gut in Mathe war, wenn es über ein bestimmtes Niveau hinausging. Als jemand anfing, das Alphabet mit Zahlen zu vermischen, war ich plötzlich frustriert bei dem Versuch, diesen Irrsinn zu verstehen.

Ich wurde frustriert, als ich versuchte, das zu verstehen, was (für mich) keinen klaren Sinn ergab, und diese Frustration machte mich wütend. Ich sagte: „Ich versuche mein Bestes, um das zu verstehen, aber ich kapiere es einfach nicht!"

Das ist es, was mit dem fleischlichen Verstand passiert, wenn Gott sagt: „Glaube dies", und der fleischliche Verstand sagt: „Aber wie ist das möglich? Das kann ich einfach nicht akzeptieren." Ergibt es keinen Sinn, wird der fleischliche Verstand es nicht annehmen. Aber du musst verstehen, dass der Geist Christi in dir anders spricht.

Er sagt: „Ich muss nicht darüber nachdenken. Wenn Gott es gesagt hat, ist es einfach eine Tatsache."

Römer 8,7 lehrt uns, dass der natürliche, fleischliche Verstand *„sich dem Gesetz Gottes nicht unterwirft"*.

Was genau sagt uns das also über die Eigenschaften und Grenzen des natürlichen, fleischlichen und irdischen Verstandes? Es sagt uns, dass er Gottes Gesetzen nicht unterworfen ist. Das Wort „unterwerfen" ist das griechische Wort *hupotassó*, was so viel bedeutet wie „sich fügen" oder „sich unterordnen". Mit anderen Worten: Der natürliche, fleischliche Verstand ist Gottes Wort nicht unterworfen.

Vielleicht hat man dir gesagt, dass du deinen Sinn erneuern musst, um die natürliche Feindseligkeit deines Sinnes gegenüber Gott zu überwinden. Das Problem ist, dass viele Menschen die Methode zur Erneuerung des Sinnes falsch definiert haben. Auch ich habe das viele Jahre lang getan. Man hatte mir beigebracht, dass die Erneuerung des Sinnes ein Prozess der Umprogrammierung des alten Sinnes – des fleischlichen Sinnes – sei. Mir war beigebracht worden, dass es ein Prozess ist, bei dem der Verstand so sehr mit dem Wort Gottes gefüllt wird, bis er sich schließlich Gott unterordnet und unter seine Kontrolle kommt. Ich hatte geglaubt, dass mein Sinn bzw. Verstand eines Tages in einen Zustand des Glaubens und der völligen Übereinstimmung mit dem Wort Gottes kommen würde, wenn ich mich nur lange genug und intensiv genug bemühte. Doch Römer 8,7 sagt uns, dass das einfach nicht möglich ist.

Dein fleischlicher (natürlicher) Verstand wird niemals mit dem Wort Gottes übereinstimmen, denn er ist dazu nicht in der Lage. Damals habe ich das Wort gelesen, darüber meditiert und es immer wieder laut ausgesprochen. Über dreißig Jahre lang habe ich mich darin geübt, das Wort Gottes zu bekennen, in der Hoffnung, dass der Glaube plötzlich mein Herz erfüllen und ich keine Zweifel mehr haben würde. Aber das ist nie passiert.

Es war eine gute und gewinnbringende Sache, aber sie hat nie die Zweifel aus meinem Kopf beseitigt, wenn ich betete. Ich betete im Glauben, und die kleine Stimme im Hintergrund sagte immer: „Aber was ist, wenn es nicht klappt? Was ist, wenn du nicht genug Glauben hast?" Anstatt den Prozess der Erneuerung deines Sinnes als einen Prozess der Reparatur deines alten, fleischlichen und natürlichen Denkens zu betrachten, fange an, ihn als eine Erneuerung der Methode zu sehen, wie du Informationen verarbeitest.

Wir müssen anfangen, uns umzugewöhnen, wie wir denken. Wenn wir uns in der physischen Welt bewegen, nutzen wir unseren natürlichen (fleischlichen) Verstand, aber wenn wir uns in der geistlichen Welt bewegen, schalten wir unseren natürlichen Verstand aus und nutzen den Verstand des Geistes. Wir müssen anfangen, auf diese neue Weise zu handeln und neue Gewohnheiten zu entwickeln.

Unser fleischlicher Verstand *kann nur glauben*, was er sehen kann. Er kann die geistliche Welt nicht verstehen und auch nicht erkennen, was der Geist Gottes will oder wünscht. Anstatt zu beten und dann abzuwarten, was passieren würde, mir dabei Sorgen zu machen und Gott anzuflehen, etwas zu tun, habe ich gelernt, den Menschen die Hände aufzulegen und zu sagen: „Im Namen Jesu, sei gesund." Dann halte ich inne und denke nichts.

In dieser Zeit bringe ich meinen fleischlichen Verstand zum Schweigen. Es gibt Stimmen, die sagen wollen: „Was ist, wenn das nicht funktioniert?" Ich sage ihnen, sie sollen still sein und sich in die Ecke setzen. Ich brauche die Hilfe meines fleischlichen Verstandes nicht. Ich bin ganz in der geistlichen Welt zugange.

Wir haben den Sinn Christi bekommen. Und aus diesem Sinn heraus müssen wir wirken, wenn wir ein Heilungsgebet für jemanden beten. Wir müssen die Heilige Schrift mit diesem Sinn verstehen und uns im Geist bewegen, ohne uns Gedanken darüber zu machen, was wir denken. Was du denkst, ist für dich nicht wichtig. Sage das, was Gott möchte, dass du es sagst, und überlasse den Rest Gott und schau ihm zu, wie er wirkt. Nimm den fleischlichen Verstand komplett aus der Gleichung heraus. Schalte ihn ab. Er kann dir nicht helfen.

Das ist es, was Jesus meinte, als er sagte: „Das Fleisch nützt nichts". Es kann dir nicht helfen. Es kann dir nur im Weg stehen. Also schalte es aus.

Als der Herr mir die Antwort gab, die ich suchte, ging ich noch am selben Tag hinaus, betete für Menschen und erlebte sofort wundersame Heilungen. Ich brauchte nicht für tausend und noch nicht einmal für hundert Menschen zu beten. Diese eine Offenbarung gab mir alles, was ich brauchte, um den Tresor für Gottes wundersame Macht zu öffnen.

Seit diesem Tag habe ich Tausende von Heilungen erlebt, und ich hatte das Privileg, unzählige Christen wie dich zu schulen, die noch nie ein Wunder aus erster Hand erlebt hatten, damit sie sofort selbst Wunder erleben können!

Alles, was ich brauchte, damit sich das Übernatürliche einstellte, war, einen Gedanken zu ändern. Die ganze Zeit, in der ich auf der Suche war, war das alles, was ich hätte tun müssen. Ich brauchte keine übernatürliche Heimsuchung vom Himmel, keine besondere Salbung. Ich brauchte keinen Propheten mit der Gabe der Heilung, der mir die Hände auflegte. Alles, was ich tun musste, war, meine Perspektive, meine Denkweise und meine Sichtweise der Dinge zu ändern.

Du betest und dann ... denkst du nichts.

Alles begann sich für mich zu ändern, als ich den Unterschied zwischen dem Wirken aus dem fleischlichen, natürlichen Sinn und dem Wirken aus dem Sinn des Geistes heraus verstand. All unsere Zweifel, unsere Ängste und unser Unglaube sind in unserem natürlichen, fleischlichen Sinn verankert.

Wenn du so bist wie ich, hast du bisher gedacht, dass du mit genügend Bibelstudium und Disziplin deinen natürlichen Verstand in etwas Geistliches verwandeln kannst. Du kannst es versuchen, aber es ist völlig unmöglich.

Aber zum Glück ist das noch nicht das Ende der Geschichte. So wie ich es von Pete Cabrera gelernt habe, müssen wir in der Gesinnung des Geistes wirken. Nicht nur bei Gebeten um Heilung, sondern bei allem Tun, an dem der Heilige Geist beteiligt ist.

Du fragst dich vielleicht: „Haben wir wirklich Zugang zu einem Sinn, der ohne Zweifel und Unglauben ist? Ist das wirklich möglich?" In 1. Korinther 2,16 (NeÜ) heißt es: *„Denn ‚wer kennt schon die Gedanken des Herrn, dass er ihn belehren könnte?'"* Wir sagen Gott nicht, wozu er fähig ist – er sagt es uns.

Stelle deinen fleischlichen Verstand in die Ecke

Es ist wichtig, dass du lernst, den fleischlichen Sinn auszuschalten, wenn du anfängst, im Glauben zu wirken. Wenn du das nicht sorgfältig tust, wird er versuchen, sich zu erheben und sich einzumischen und die Ergebnisse, die du beim Beten erhältst, zu behindern.

Wir können nicht im Glauben beten, wenn beide Gesinnungen aktiv sind. Das ist es, was die Bibel meint, wenn sie uns sagt, dass wir nicht „wankelmütig" sein sollen. Hier ist, was Wankelmütigkeit im Gebet bewirkt:

> *Er bitte aber im Glauben, ohne irgend zu zweifeln; denn der Zweifler gleicht einer Meereswoge, die vom Wind bewegt und hin und her getrieben wird. Denn jener Mensch denke nicht, dass er etwas von dem Herrn empfangen wird, ist er doch ein wankelmütiger Mann, unbeständig in allen seinen Wegen* (Jak 1,6-7).

Gottes Wort sagt, dass du Gott bitten kannst, wenn es dir an etwas fehlt, und er wird es dir umsonst geben. Aber ein wankelmütiger Mensch schwankt zwischen dem Glauben, der in seinem geistlichen Sinn ist, und dem Zweifel, der in seinem fleischlichen Sinn ist. Denke daran, dass der fleischliche Sinn keinen Glauben hat. Er hat nur Zweifel, also muss er ausgeschaltet werden. Wenn du versuchst, herauszufinden, wie Gott etwas tun wird oder wie etwas durch den Glauben geschehen kann, dann aktivierst du deinen fleischlichen Sinn. Du bist wankelmütig geworden. Das führt zu einem Zustand der Instabilität, in dem es unmöglich wird, wirklich im unerschütterlichen Glauben zu stehen, ohne zu zweifeln. Was diese Bibelstelle auch deutlich zeigt, ist, dass es tatsächlich möglich ist, wankelmütig zu sein, und dass man nicht wankelmütig sein kann, es sei denn, man hat zwei Gesinnungen.

Ein wankelmütiger Mensch ist einer, der versucht, an Gottes Wort zu glauben und dabei seinen natürlichen und fleischlichen Verstand einsetzt. Das kann nicht funktionieren. Glaube und fleischlicher Verstand passen nicht zusammen. Diese Verse sagen uns, dass ein wankelmütiger Mensch auf allen seinen Wegen unbeständig ist – auf allen Wegen.

Wir müssen also lernen, aus der richtigen Gesinnung heraus zu handeln, der Gesinnung des Geistes. Wir müssen lernen, die fleischliche Gesinnung in ihre Schranken zu weisen und von unseren geistlichen Bemühungen fernzuhalten. Wir müssen lernen, wann es angemessen ist, aus dem Verstand zu handeln, und wann wir aus der Gesinnung des Geistes heraus handeln sollten.

Der Sinn Christi hat nicht die Fähigkeit, an seinem Vater zu zweifeln. Genauso gibt es keinen Raum für Unsicherheit, wenn du in den Gaben des Heiligen Geistes wirkst. Nur wenn du deine fleischlichen Gedanken unter Kontrolle bringst, kannst du fokussiert und damit auch effektiv um Heilung beten. Das tust du, indem du diese Gedanken an den Rand deines Verstandes schiebst, sie ignorierst, ihnen sagst, dass sie verschwinden sollen, und deinen Sinn frei machst, damit Gott sprechen und wirken kann.

Als ich das begriffen hatte, testete ich es an Haley (Haley 1), die damals die erste Person war, die übernatürlich geheilt wurde, nachdem ich für sie gebetet hatte. Ich nutzte meine Autorität, um

Haley zu sagen, dass ihre Arthritis und ihre Schmerzen verschwinden sollten, und dann hielt ich inne und blieb still. Ich „ruhte" im Herrn und erlaubte meinem Verstand nicht, zu sprechen. Nach ein paar Augenblicken bat ich sie, die Dinge zu testen. Sie war vollständig geheilt!

Eines der wichtigsten Prinzipien, um im Bereich des Übernatürlichen zu wirken, ist, sich daran zu erinnern, dass wir zwei Sinne haben. Wir haben einen „geistlichen Sinn" und einen „natürlichen Sinn". Nur diejenigen, die im Geist wiedergeboren sind, haben Zugang zu ihrem „geistlichen Sinn". Diejenigen, die nicht im Geist wiedergeboren sind, haben nur den erdgebundenen, natürlichen, physischen und rationalen Verstand als Quelle.

Deinen fleischlichen Sinn unterwerfen

Wenn wir anfangen zu erkennen, dass unser fleischlicher Sinn die meiste Zeit unseres Lebens auf dem Thron gesessen hat – und dass genau dieser uns in viele Richtungen geführt hat, die nichts mit dem Geist zu tun haben –, dann können wir verstehen, wo das Problem liegt, wenn wir versuchen, ein vom Geist geleitetes Leben zu führen.

Tatsache ist, dass viele unserer Probleme ihre Wurzel in unserem fleischlichen Sinn haben, der nicht dem Heiligen Geist unterworfen wurde. Wir müssen lernen, zu unterscheiden, welche Gedanken von Gott und welche vom fleischlichen Verstand sind, und dann unsere Schritte entsprechend ausrichten. Das ist es, was die Bibel meint, wenn sie sagt, dass du jeden Gedanken unter den Gehorsam Christi gefangen nehmen sollst.

> *Mit diesen Waffen zerschlagen wir all die hochtrabenden Argumente, die die Menschen davon abhalten, Gott zu erkennen. Mit diesen Waffen bezwingen wir ihre widerstrebenden Gedanken und lehren sie, Christus zu gehorchen* (2 Kor 10,5 NLB).

Etwas gefangen zu nehmen, bedeutet nicht, dass man verhandelt. Es gibt keine Diskussion. Wir diskutieren mit dem fleischlichen Sinn nicht hin und her, um ihn dazu zu bringen, mit Gott übereinzustimmen. Sobald wir einen fleischlichen Gedanken entdecken, nehmen wir ihn gefangen. Wir machen ihn uns untertan.

Deshalb, liebe(r) Leser(in), werde ich mein Bestes tun, um dir zu zeigen, wie du unterscheiden kannst, wann der fleischliche Sinn spricht und wann der Sinn Christi in dir spricht. Wenn du den Unterschied kennst, kannst du Christus auf den Thron deines Herzens setzen und auf die Gedanken des Heiligen Geistes hören. Dann wirst du in der Lage sein, die richtigen Dinge zur richtigen Zeit zu tun und dir die Türen des Reiches Gottes zu öffnen.

Ich möchte dir ein Beispiel für einen Tag geben, an dem mein fleischlicher Sinn den Ton angab und ich mich selbst, den Herrn und einen Menschen in Not fast um ein Wunder gebracht hätte.

Eines Tages war ich überhaupt nicht gut drauf. Mir war nicht wirklich danach, für jemanden zu beten. In meinem fleischlichen Sinn sagte ich: „Ich will heute nicht hinausgehen, um zu dienen. Ich bin müde und gereizt. Gott könnte durch meine schlechte Einstellung wahrscheinlich ohnehin nicht wirken."

Sobald dieser Gedanke in meinen Kopf kam, wies mein Geist ihn zurück. Dieser Gedanke war voller Zweifel und Angst – beides kommt nicht von Gott. Ich beschloss, die Situation zu nutzen, um einen wichtigen Punkt zu beweisen. Der Punkt war folgender: Ein Sohn bzw. eine Tochter Gottes sind wir, wenn wir uns geistlich fühlen, *und ebenso,* wenn wir es nicht tun. Und das Übernatürliche ist immer möglich, einfach weil Kinder Gottes Autorität haben. Ein Kind Gottes zu sein, ist eine Tatsache, egal ob du an diesem Tag gefastet hast oder nicht. Ob du die Gegenwart des Heiligen Geistes gespürt hast oder nicht. Gefühle haben wenig mit den Fakten zu tun, wenn es darum geht, geistlich gesinnt zu sein.

Ich holte meine Action-Kamera heraus, schaute in die Linse und sagte: „Ich fühle mich gerade wirklich nicht sehr geistlich, aber ich werde trotzdem das tun, wozu ich geschaffen wurde. Ich bin dazu gemacht, die Werke dessen zu tun, der mich – an meinen guten *und* an meinen schlechten Tagen – aus der Finsternis ins Licht gerufen hat."

Als Nächstes fuhr ich zum lokalen Busbahnhof. Ich war auf der Suche nach meiner ersten Gelegenheit, wie ein Löwe auf der Suche nach einer hinkenden Gazelle Ausschau hält. Ja, meine Einstellung war schlecht, aber ich trug immer noch die Kraft und Autorität eines Kindes Gottes in mir.

Dann sah ich einen Mann, dessen eines Bein vergipst war. Ich ging auf ihn zu, stellte mich vor und fragte ihn, was passiert war. Sein Name war Duane. Duane war als Fußgänger auf einem Zebrastreifen von einem Auto angefahren worden. Ich fragte Duane, ob er Schmerzen habe, und er nannte mir alle Stellen seines Körpers, die verletzt worden waren. Die Liste war ziemlich lang.

Sein Fuß war an dutzenden Stellen gebrochen, sein Bein war zertrümmert, sein linker Arm war so schwer gebrochen, dass er mit Schrauben und Stäben wieder zusammengesetzt werden musste, sein Rücken schmerzte sehr und er sah nicht viel glücklicher aus als ich an diesem Tag.

Ich sagte Duane, dass Gott alles heilen würde, wenn er mich für ihn beten ließe. Er sah mich aus den Augenwinkeln mit dem Blick an, mit dem man eine Person abschätzt, um festzustellen, ob sie verrückt ist oder nicht. Ich war nicht sonderlich feinfühlig und sagte ihm, er habe ja nichts zu verlieren. Er erlaubte mir zu beten.

Ich fragte ihn nach seinem Schmerzlevel auf einer Skala von eins bis zehn für jede Verletzung und sprach dann nacheinander Heilung über sie aus. Zuerst betete ich für seinen Arm – er konnte ihn nicht mehr frei in jede Richtung bewegen und hatte große Schmerzen. Ich sprach ein paar Worte über den Arm, und er duldete es mit einem finsteren Gesichtsausdruck.

Dann sagte ich: „Jetzt teste deinen Arm. Achte auf den Schmerz." Er fing etwas zynisch an, seinen Arm zu bewegen, aber dann veränderte sich seine Miene. Es war, als ob eine Welle der Überraschung über sein Gesicht ging und er plötzlich vor Aufregung erstrahlte.

Er rief aus: „Sie sind weg ... Ich spüre keine Schmerzen mehr!" Er war so begeistert, dass er es kaum erwarten konnte, dass ich mit dem Fuß, dem Bein, dem Rücken und ein paar anderen Stellen weitermachte. Eine Stelle nach der anderen wurde geheilt.

Ich fragte ihn, ob er seinen Gipsverband abnehmen und testen wolle, ob er ohne Schmerzen laufen könne. Er tat es, und er war völlig geheilt. Sein Gesicht war nicht mehr mürrisch, sondern er lächelte von einem Ohr zum anderen.

Wenn du ein Video von dieser Begegnung sehen möchtest, findest du es auf meinem YouTube-Kanal unter dem Titel: *Hit by Car – Healed by Jesus!!!!* (Vom Auto erfasst, von Jesus geheilt).

Wenn ich nicht geübt hätte, meinen fleischlichen Sinn dem Geist zu unterwerfen, hätte ich vielleicht seine Lügen geglaubt – dass ich niemanden heilen könne, weil ich schlecht gelaunt bin. Aber als der Heilige Geist sich meinem geistlichen Sinn offenbarte und mich zum Handeln bewegte, zeigte Gott, wie wenig *ich* mit *seiner* Heilkraft zu tun habe.

Meine erste Erfahrung, nichts zu denken

Ein Teil meines Problems kam von den Lehren bestimmter Prediger der Glaubensbewegung, denen ich in den 1970er Jahren zugehört hatte. Es gab eine Lehre, die damals weit verbreitet war und auf Römer 12,2 (LUT) basierte: *„Und stellt euch nicht dieser Welt gleich, sondern ändert euch durch Erneuerung eures Sinnes, auf dass ihr prüfen könnt, was Gottes Wille ist, nämlich das Gute und Wohlgefällige und Vollkommene."*

Das Wort Gottes ist immer wahr, aber manchmal kann das, was das Wort sagt, falsch ausgelegt werden. Die Lehre aus diesem Vers über die „Erneuerung des Sinnes" wurde in den 1970er-Jahren zu einem Grundpfeiler der Glaubensbewegung. Die praktische Anwendung dieses Verses sah ungefähr so aus: Wenn du Gottes Wort liest und es dann immer wieder laut mit dem Mund aussprichst oder verkündest, wird das Wort irgendwann „in deinen Geist fallen" und plötzlich zu einem unerschütterlichen Glauben werden. Das klang nach einer vernünftigen Methode, also habe ich das, wie du weißt, mehr als 30 Jahre lang gemacht!

Ich betete kraftvoll mit glaubenserfüllten Worten und verkündete Heilung über Menschen, genau wie ich es jetzt tue, aber damals passierte nichts. Es passierte nicht nur nichts, sondern da war diese Stimme, die sich immer noch laut und deutlich in meinem Kopf meldete: „Was, wenn es nicht funktioniert? Dann komme ich mir wie ein Idiot vor. Ich hoffe doch, dass etwas passiert!"

Die Erneuerung des Sinnes ist in der Tat ein biblisches Prinzip, aber die Methode, die jene Prediger lehrten, sehe ich nicht mehr als die richtige Anwendung dieses Verses an. Es hat wirklich nichts damit zu tun, dass man seinen fleischlichen Sinn mit dem Wort Gottes in Einklang bringen muss.

Alles, was ich bisher in diesem Buch erklärt habe – dass ich den fleischlichen Sinn ausschalten und stattdessen mit meinem geistlichen Sinn handeln soll – wurde mir in einem Augenblick klar. Durch diese Offenbarung verstand ich dann auch, wie sich dieses Konzept auf das Gebet um Wunder anwenden lässt. In dem Moment, als ich die Offenbarung erhielt, verstand ich, was ich zu tun hatte. Zu diesem Zeitpunkt war es noch Theorie, aber es war eine aufregende Theorie. Bevor ich anderen davon erzählen konnte, musste ich sie selbst ausprobieren.

Ich musste herausfinden, ob Pete Cabreras Antwort „Ich habe nichts gedacht und nichts gefühlt" Sinn machen würde. Was mir der Heilige Geist mitteilte, war, dass der natürliche (fleischliche) Sinn beiseitegelegt werden muss, wenn es darum geht, im Glauben und ohne Zweifel zu beten.

Ich erkannte, dass Pete, ohne sich dessen bewusst zu sein, seinen natürlichen Verstand ausschaltete, sodass dieser beim Beten keine Rolle spielen konnte. Als er sagte, er „habe an nichts gedacht", schaltete er in diesem Moment tatsächlich jeden gedanklichen Vorgang aus.

Aber wie macht man das? Wie hält man seinen Verstand vom Denken ab? Es war jetzt an der Zeit, das herauszufinden. Konnte ich tatsächlich beten, ohne dass mein natürlicher Verstand mir in die Quere kam?

Bis zu diesem Zeitpunkt hatte ich noch nie einen Fremden in der Öffentlichkeit angesprochen und gefragt, ob ich für ihn beten könne, damit er eine wundersame Heilung erlebe. Ich war aber entschlossen, es zu versuchen, da ich eine neue Sicht der Sache hatte. Ich stand von meinem Schreibtisch auf, stieg in mein Auto und fuhr los, um meinen ersten Kandidaten zu suchen. Ich beschloss, zu einer Ladenzeile zu fahren und zu schauen, ob ich jemanden finden würde, der Gebet brauchte.

Schließlich sah ich meine Chance. Es war eine junge Frau von etwa 30 Jahren, die aus einem Laden kam und eine Gehhilfe benutzte. Wie sich herausstellte, handelte es sich um Haley (Haley 1), die ich schon ein paar Mal als mein erstes Heilungswunder erwähnt habe. Ich möchte jetzt noch genauer darauf eingehen, damit du dir ein umfassendes, praktisches Bild davon machen kannst, wie Gott dieses Prinzip in meinem Leben in die Tat umgesetzt hat.

Ich konnte sehen, dass Haley große Schwierigkeiten beim Gehen hatte. Deshalb ging ich auf sie zu und sagte: „Hallo, mein Name ist Tom. Ich bete für Leute und Gott heilt sie. Haben Sie irgendwelche Schmerzen?"

Eigentlich hatte ich ja noch nie auf diese Weise für jemanden gebetet, aber es schien, als purzelten die Worte aus meinem Mund, bevor ich die Chance hatte, sie zu stoppen.

Die junge Frau sagte mir ihren Namen und dass sie von Arthrose, Fibromyalgie und ständigen Schmerzen geplagt war, die die Ärzte nicht heilen konnten. Außerdem hatte sie eine große Geschwulst im Nacken, die schon seit Langem vorhanden war. Ich fragte sie, wie stark ihre Schmerzen auf einer Skala von eins bis zehn seien. Sie sagte, sie lägen bei acht. Dann fragte ich sie, ob sie irgendwelche Bewegungseinschränkungen habe. Sie konnte sich nur so weit nach vorne beugen, dass sie ihre Knie berühren konnte, und das auch nur unter großen Schmerzen. Dann ertappte ich mich dabei, wie ich sie fragte, ob ich beten könne, dass Gott sie auf der Stelle heile, und sie sagte: „Ja."

Das war es. Das war meine große Chance. Für mich war es ein großes Plus, dass sie eine Fremde war, denn das bedeutete, dass, wenn es nicht klappte, es niemand anderes erfahren würde. Ich legte meine Hand auf sie und sagte ihr, sie solle sich einfach entspannen und mich beten lassen. Ich betete wie folgt: „Himmlischer Vater, ich danke dir für Haley. Ich weiß, dass du sie liebst und dass du nicht willst, dass sie Schmerzen hat. Ich spreche jetzt zu dieser Arthritis. Ich befehle dir, Haleys Körper jetzt zu verlassen! Jeder Muskel, jede Sehne, jedes Band und jeder Nerv soll jetzt geheilt werden! Und jetzt spreche ich zu den Schmerzen. Alle Schmerzen verschwinden, jetzt!"

Dann kam der kritischste Teil des Tests. Unmittelbar nachdem ich das Gebet beendet hatte, stoppte ich alle Gedanken und ließ Gott einfach wirken, während ich meine Hand ein paar Augenblicke auf ihr ließ. Wenn mein natürlicher Verstand anfangen wollte, Dinge zu sagen wie: „Was ist, wenn es nicht klappt?", sagte ich ihm, er solle die Klappe halten, bevor er einen vollständigen Gedanken fassen konnte. Ich hielt inne, entspannte mich, brachte alle Gedanken zum Schweigen, setzte alle meine natürlichen Sinne außer Kraft und ruhte einfach. Nach ein paar Momenten, in denen ich nichts dachte und meine Gedanken anhielt, wenn sie versuchten, sich einzuschalten, nahm ich meine Hände weg, sah sie an und sagte: „Berühren Sie jetzt Ihre Zehen."

Sie sah mich an, als wäre ich verrückt und sagte: „Das kann ich nicht tun!"

Ich hörte mich selbst sagen: „Jetzt können Sie es!"

Sie merkte, dass ich es ernst meinte und beugte sich gegen jeden Instinkt bis zu den Zehen nach vorne, stand dann auf und sagte: „Er ist weg! Der ganze Schmerz ist weg!"

Ich war schockiert, aber begeistert. Ich sagte: „Bitte, seien Sie ehrlich. Machen Sie einen Test und achten Sie auf den Schmerz."

Sie konnte nichts finden. Sie konnte sich so bewegen, wie sie sich seit Jahren nicht mehr hatte bewegen können, und auch die Geschwulst an ihrem Hals war verschwunden! Ich hatte diesen Aha-Moment wie jemand, der gerade das Heilmittel für eine seltene Krankheit entdeckt hat, oder wie jemand, der das Geheimnis um einen riesigen, vergrabenen Schatz gelöst hat.

Ich sagte mir: „Wenn das bei mir funktioniert, ist das vielleicht die bahnbrechende Erkenntnis, die dazu führt, dass auch viele andere Wunder erleben können."

Drei Monate später erhielt ich einen Anruf von Haley. Sie war immer noch völlig frei von all den Schmerzen und Gebrechen, die sie hatte, als ich sie zum ersten Mal getroffen hatte, aber sie wollte mir mitteilen, dass sie jetzt in einen Unfall verwickelt war, und fragte mich, ob ich wieder für sie beten könne.

Sie war mein erstes dramatisches Heilungswunder, also war ich natürlich froh, wieder für sie beten zu können. Ich vereinbarte sofort ein Treffen mit ihr. Sie informierte mich, dass sie sich das Schlüsselbein auf der rechten Seite gebrochen hatte. Sie konnte ihren Arm kaum bewegen und ihn nicht über die Höhe ihrer Schulter heben.

Ich betete für sie, wie ich es beim ersten Mal getan hatte. Sie sagte dann: „Das ist seltsam. Als Sie für mich gebetet haben, habe ich gefühlt, wie sich etwas in meinem Brustkorb und meiner Schulter wieder zusammengefügt hat, und der ganze Schmerz ist weg.

Ich ließ sie ihren Arm heben, und er ging ohne Probleme und ohne Schmerzen über ihren Kopf!

Seit jenem ersten Tag, an dem ich die Theorie für mich selbst getestet habe, habe ich erlebt, dass der Herr Tausende von Menschen mit genau dieser Methode geheilt hat. Ich behaupte nicht einfach, dass ich etwas entdeckt habe, das nur bei mir funktioniert, sondern ich habe dieses Prinzip inzwischen Menschen auf der ganzen Welt beigebracht, und es hat überall funktioniert. Es hatte sogar an Orten Erfolg, an denen noch nie zuvor ein Wunder Gottes geschehen war.

Den Verstand zum Schweigen zu bringen, bedeutet, den freien Fluss der Gedanken zu unterdrücken. Es bedeutet, dem fleischlichen Sinn zu sagen, er solle „still sein", wenn er gerne sprechen würde.

Das ist gar nicht so schwer, aber du musst lernen, deine Gedanken an der kurzen Leine zu halten, denn dein Verstand wird immer in Versuchung sein, sich einzuschalten und zu sagen: „Aber was ist, wenn es nicht funktioniert?" In solchen Momenten sage ich ihm einfach: „Halt die Klappe! Ich höre dir jetzt nicht zu!" Indem ich gelernt habe, alle Gedanken für diese kurzen Momente auszuschalten, ist es fast so, als würde ich den Atem und die Zeit für einen Moment anhalten, ohne etwas zu fühlen, wahrzunehmen oder zu denken – einfach nichts.

Bei diesem „Nichtstun" gehe ich sozusagen aus dem Weg, damit Gottes Geist das tun kann, was er tut – ein Heilungswunder vollbringen. Als ich das erste Mal für Haley betete, weißt du, was ich dabei gespürt habe? Spürte ich Feuer, ein Kribbeln oder

Elektrizität, die durch meine Hände floss, als ich sie im Glauben auf sie legte? Nein, ich habe ehrlich gesagt nichts gespürt.

Das Einzige, was ich tun musste, war, meinen Verstand aus dem Weg zu räumen. Auf diese Weise wirst du aktiviert und fängst an, durch die Kraft des Heiligen Geistes Wunder zu vollbringen. Auf diese Weise wird alles beginnen. Es fängt an, wenn du lernst, den fleischlichen Sinn in seine Schranken zu weisen. Du wirst lernen, wie du deinem fleischlichen Sinn mit Nachdruck sagst: „Halt jetzt einfach die Klappe und sei still! Ich werde Gott tun lassen, was er tut." Du musst dich nicht konzentrieren. Du musst nicht denken. Alles, was du tun musst, ist mit Autorität zu sprechen und dann aus dem Weg zu gehen.

Der fleischliche Sinn und der Feind

Wenn es uns gelingt, unseren fleischlichen Sinn zur Ruhe zu bringen, werden wir aufhören, die Lügen zu glauben, die in ihm Wurzeln geschlagen haben. Wir werden auch aufhören, auf seine Zweifel und seinen Unglauben in Bezug auf die Dinge des Geistes zu hören. Du musst dabei verstehen, dass der fleischliche Sinn nicht versucht, dich zu belügen. Er ist nur nicht in der Lage, die Dinge des Geistes zu verstehen. Tatsächlich ist der fleischliche Sinn geistlich so blind, dass er extrem empfänglich für die Gedanken und Vorschläge des Feindes ist.

Der fleischliche Sinn denkt nicht: „Oh, diese Gedanken sind vom Teufel, also sollte ich sie einfach ignorieren", denn der fleischliche Sinn kann nicht wirklich an Dinge glauben, die er nicht sehen kann (wie z. B. den Feind), oder sie ohne physische Beweise verstehen. Es ist leicht für einen Feind, dich zu täuschen, wenn du nicht einmal glaubst, dass er existiert.

Der Bereich des natürlichen Sinnes ist nicht für den Kampf im Bereich des Geistes gerüstet. Den Teufel mit unserem fleischlichen Sinn zu bekämpfen, ist so, als würde man mit einer Spielzeugpistole bewaffnet in eine Schießerei gehen! Dein Feind liebt es, dich im Bereich des Natürlichen zu bekämpfen, weil du keine übernatürliche Kraft oder Macht hast, wenn du mit den Mitteln des alten, natürlichen und fleischlichen Verstandes kämpfst.

Ein Beispiel, bei dem ich wirklich den fleischlichen Sinn beiseiteschieben musste, als ich für die Heilung eines Menschen betete, war im Mai 2015. Ich hatte das Privileg, für einen Mann namens Jerry zu beten. Jerry war nicht nur Nichtchrist, sondern ein Atheist. Er glaubte überhaupt nicht an die Existenz Gottes.

Ich traf Jerry und ein paar seiner Freunde, als sie in der Nähe des Seattle Center abhingen und fragte sie, ob jemand von ihnen Schmerzen habe. Jerry berichtete, dass er sich vor Kurzem beim Laufen am Knie verletzt habe, und dass der Schmerz im Ruhezustand etwa fünf und bei Druck eine sieben von zehn betrug.

Ich betete für Jerry und folgte dabei demselben Muster, das in diesem Buch beschrieben wird. Nach meinem ersten Gebet bat ich Jerry, sein Knie zu belasten. Seine Antwort?

„Es ist ein bisschen besser. Vielleicht."

Ich konnte sehen, dass er sein anderes Knie immer noch deutlich bevorzugte. Ich bat ihn, mir ehrlich zu sagen, ob er noch Schmerzen habe, und er bejahte.

Ich habe zwar nichts dagegen, zweimal um dieselbe Heilung zu beten, aber in dieser Situation brauchte ich meine ganze mentale Stärke, um den fleischlichen Sinn zu verdrängen. „Du weißt doch", sagte er, „der Unglaube dieses Mannes kommt uns in die Quere!"

„Halt die Klappe", sagte ich meinem Verstand. „Verschwinde. Jetzt." Und sofort überflutete Stille mein Denken.

Dann betete ich erneut und befahl dem Schmerz, jetzt zu verschwinden. Innerhalb von Sekunden huschte ein Lächeln über Jerrys Gesicht.

„Es ist irgendwie lächerlich", sagte er. „Ich glaube nicht einmal an Gott oder so."

„Du glaubst nicht an Gott, aber er liebt dich", sagte ich ihm.

Jerry konnte keine Schmerzen in seinem Knie mehr feststellen. Wenn wir es zulassen, kann der Feind also Gedanken in uns hineinsäen. Er beobachtet, wie wir mit anderen umgehen und entwirft mit Hilfe unserer eigenen Gedanken einen Plan gegen Gottes Willen. Diese Lügen müssen wir eindämmen und stoppen, damit Gottes Geist uns den Weg weisen kann.

Christus in dir umarmen

Das Erste, was wir verstehen müssen, um die Macht des Reiches Gottes freizusetzen, ist, dass wir akzeptieren, bejahen und ohne zu zögern annehmen müssen, dass wir sind, wer und was Gott sagt, dass wir sind. Wir müssen wissen, wer und was wir nach Gottes Wort sind. Lass es mich noch einmal sagen, denn man kann es gar nicht genug betonen: Wir sind nicht nur die, die Gott sagt, dass wir sie sind (unabhängig von der Meinung anderer), sondern wir sind auch das, was Gott sagt, dass wir es sind.

Wir werden uns nun Gottes geschriebenes Wort, die Bibel, ansehen und herausfinden, wer und was das genau ist. Am Ende sind deine und meine Meinung nicht wirklich wichtig. Allein Gottes Meinung wird Bestand haben.

> *Ich bin mit Christus gekreuzigt; und nun lebe ich, aber nicht mehr ich [selbst], sondern Christus lebt in mir. Was ich aber jetzt im Fleisch lebe, das lebe ich im Glauben an den Sohn Gottes, der mich geliebt und sich selbst für mich hingegeben hat* (Gal 2,20 SLT).

Die Bibel macht es sehr deutlich: Wir sind durch den Tod und die Auferstehung Jesu vollständig erlöst. Unsere menschlichen Schwächen und Unvollkommenheiten sind durch das Blut unseres Erlösers weggewaschen worden. Wenn wir durch seinen Geist denken und leben, ist es, als würden wir gar nicht mehr leben, sondern als würde Christus durch uns handeln, denken, sprechen, heilen und lieben. Ist das nicht eine wunderbare Zusage?

Handeln wir dagegen aus unserem Fleisch heraus, machen wir uns anfällig für genau diese Schwächen und Unvollkommenheiten, für deren Beseitigung sich Christus geopfert hat.

Stell dir vor, du hast einen dreijährigen Sohn. Er meint es vielleicht gut mit dir, aber du würdest wahrscheinlich keine Tipps von ihm annehmen, wie du dein Geld anlegen sollst, weil er noch nicht weiß, wie Geldanlagen funktionieren. Genauso solltest du niemals geistliche Ratschläge von deinem fleischlichen Sinn annehmen, da er keine Ahnung von geistlichen Dingen hat.

Zu wissen, wer du bist und was du hast, ist der solide Fels des Vertrauens, der dir den Mut gibt, im Glauben hinauszugehen und das Wunderbare zu tun. Wenn du um große Dinge betest, geh aufs Ganze! Dein geistlicher Sinn kann damit umgehen. Er kann alles glauben, was Gott sagt. Mach keine Kompromisse und gib dich nicht mit weniger zufrieden als mit Gottes übernatürlicher Kraft. Nachdem ich gebetet habe, kann ich Gott Zeit zum Wirken geben, indem ich den fleischlichen Sinn ausschalte und auf Gott warte. Danach muss ich mutig genug sein, es auf den Prüfstand zu stellen und die Ergebnisse ehrlich zu bewerten.

Wenn du ein Nachfolger von Jesus Christus bist, dann sind dir alle Schlüssel zum Königreich gegeben worden. Sie stehen in diesem Moment in dir zur Verfügung. Weil wir jetzt mit dem Geist Christi verbunden sind und Zugang zu ihm haben, sind wir jetzt in der Lage, mit dem Wort Gottes übereinzustimmen. Diese Übereinstimmung ist der Schlüssel, um in der Kraft von Gottes Geist zu handeln.

KAPITEL 6

Der Schlüssel des Wandels im Geist

Wenn du versuchen würdest, deine Hände in einem Eimer mit Schlamm zu waschen, wäre es unmöglich, sie von dem Schmutz zu befreien, den du zu entfernen versuchst. Wenn du versuchst, aus deinem Geist heraus zu beten, während du deinem natürlichen, fleischlichen Sinn erlaubst, daran beteiligt zu sein, wirst du mit einem Teil deines inneren Menschen glauben, während du mit einem anderen Teil zweifelst – das ist völlig unwirksam. Die einzige Lösung besteht darin, dem fleischlichen Verstand zu sagen: „Halt die Klappe und sei still!"

Du hast die Vollmacht erhalten, sowohl natürlichen als auch geistlichen Dingen Befehle zu erteilen.

In der Bibel verfluchte Jesus einen Feigenbaum und dieser verdorrte von der Wurzel an aufwärts. Seine Jünger wunderten sich, dass er diese Art von Macht hatte, indem er einfach Worte zu dem Baum sprach. Jesus sagte ihnen, dass dies für diejenigen, die aus dem Geist heraus handeln, nichts Ungewöhnliches sei, sondern dass auch sie diese Dinge tun könnten, wenn sie nur Glauben hätten.

> *Jesus aber antwortete und sprach zu ihnen: Wahrlich, ich sage euch: Wenn ihr Glauben habt und nicht zweifelt, so werdet ihr nicht allein das mit dem Feigenbaum Geschehene tun, sondern wenn ihr auch zu diesem Berg sagen werdet: Hebe dich empor und wirf dich ins Meer!, so wird es geschehen.* (Mt 21,21).

Verpasse nicht die kleine Wahrheit, die hier in Jesu Worten enthalten ist. Wenn wir den Text lesen, nehmen wir meist nur einen Teil der Botschaft auf, die Jesus sagt. Jesus hat nicht gesagt: „Wenn ihr Glauben habt". Jesus sagte: „Wenn ihr Glauben habt *und nicht zweifelt.*" Der Glaube war nicht seine einzige Betonung. Die Abwesenheit von Zweifeln war genauso wichtig.

Dann sagte Jesus, dass du zu einem Berg sprechen kannst und er dir gehorchen wird. Das ist ziemlich verrückt, aber wenn Jesus das gesagt hat, dann stimme ich ihm zu. Wenn du darüber nachdenkst, ist dein natürlicher, fleischlicher Sinn ein Ding dieser Erde, genau wie der Berg es ist. Du hast die Vollmacht über diesen natürlichen Sinn und kannst ihm befehlen, still zu sein, und er wird dir gehorchen.

Verstand, unterwirf dich dem Geist

Als ich einmal eine Gruppe in Montana schulte, sprach ich darüber, wie man den fleischlichen Sinn zur Ruhe bringt. Nach einer Pause kehrte eine Gruppe von Frauen ins Treffen zurück und fragte, ob sie etwas sagen dürften. Eine der Frauen sagte: „Wir sind Frauen und wir können unseren fleischlichen Sinn einfach nicht zum Schweigen bringen. Aber in der Pause hatten wir einen Durchbruch und erlebten zum ersten Mal Stille in unseren Köpfen!"

Ich fragte sie, ob sie uns mitteilen würden, wie sie das geschafft hätten. Es war eigentlich ganz einfach: Sie nutzten ihre Autorität, um zu ihrem natürlichen Verstand zu sprechen und ihm zu befehlen, sich zu unterwerfen. Das ist es, was sie zu sich selbst sagten: „Verstand, unterwirf dich meinem Geist. Geist, führe mich zum Vater." In diesem Moment wurden sie augenblicklich in die Gegenwart Gottes versetzt und ihr fleischlicher Verstand verstummte völlig. Du solltest das selbst einmal ausprobieren. Ich habe erlebt, dass es etwa 80 Prozent der Menschen geholfen hat, die Probleme hatten, ihren fleischlichen Verstand zum Schweigen zu bringen.

Dein fleischlicher Sinn bzw. Verstand wird immer bereit sein, dir zu erklären, warum Gott kein Wunder tut. Dein Verstand wird dir sagen, dass die Umstände nicht genau richtig sind, dass es nicht in seinem Zeitplan liegt, dass du nicht heilig genug bist, um solche Macht auszuüben, oder dass du noch nie von einem solchen Wunder gehört hast. Es ist der fleischliche Verstand, der das Wirken von Wundern behindert, und solange du ihn nicht in die Schranken weist, wird das Wunderbare im Keim erstickt werden.

Nehmen wir zum Beispiel die Geschichte des 18-jährigen Taylors. Taylors Mutter rief in unserem Gemeindebüro an und vereinbarte einen Termin, damit ich für ihren Sohn betete. Taylor ist sehr groß und sportlich, und wenn ich mich recht erinnere, hatte er sich seine Verletzungen beim Footballspielen zugezogen. Taylors Mutter hatte sich einige meiner YouTube-Videos angeschaut und dachte sich, der Herr könne Taylor vielleicht auf wundersame Weise heilen, statt dass er sich einer umfangreichen Operation unterziehen müsse.

Eines Morgens kamen Taylor und seine Mutter dann in unsere Kirche, und nachdem sie sich vorgestellt hatten, erzählten sie mir die Einzelheiten von Taylors Verletzung. Taylor hatte sich das Labrum in beiden Hüften gerissen, hatte ständige Schmerzen und konnte an vielen körperlichen Aktivitäten nicht teilnehmen. Die einzige Lösung war eine Operation, um beide Hüften wiederherzustellen, gefolgt von einem langen Rehabilitationsprozess.

Taylor erzählte mir, er sei auf YouTube für seine erstaunlichen Gedächtnisleistungen berühmt und würde es vorziehen, dass ich seinen Künstlernamen nicht verwende, wenn ich ihn filme. Ich sagte: „Natürlich", und dann bat ich ihn, mir zu sagen, wie stark seine Schmerzen seien. Dann ließ ich ihn demonstrieren, wie sehr eingeschränkt er in seiner Beweglichkeit war.

Seine Schmerzen lagen bei etwa 8 von 10. Ich betete für Taylor mit der Methode, die der Herr mir gezeigt hatte und die in diesem Buch beschrieben ist. Ich betete einmal und bat ihn, die Bereiche seines Körpers zu bewegen, die ihm normalerweise Schmerzen bereiteten.

Das tat er, aber er hatte immer noch Schmerzen. Er war noch nicht vollständig wiederhergestellt. In diesem Moment drohte mein fleischlicher Verstand, sich bemerkbar zu machen. Ich konnte ihn am Rande meines Geistes spüren und ich schob ihn weg, um ihn zum Schweigen zu bringen.

Anstatt Zweifel aufkommen zu lassen, fokussierte ich mich auf den Geist Gottes und betete erneut. Danach bat ich Taylor, zu prüfen, ob er noch irgendwo Schmerzen habe. Er hatte keine mehr! Dann sagte ich ihm, er solle den vollen Test machen, und deshalb bewegte er sich und hüpfte herum. Der ganze Schmerz war weg.

Taylor und seine Mutter reisten ab und ich hörte etwa zwei Monate lang nichts mehr von ihm. Taylor hatte einen Operationstermin, der etwa eine Woche nach meinem Gebet für ihn stattfinden sollte. Die Operation wurde abgesagt, weil Taylor durch die Kraft des Heiligen Geistes vollständig geheilt worden war!

Auf meiner Website gibt es mehrere YouTube-Videos von Taylors Heilung. Hier sind die Titel, falls du sie dir ansehen möchtest: *Taylor gets Total Spiritual Overhaul – Jesus Heals! – Tom Loud* (Taylor bekommt eine totale geistliche Überholung – Jesus heilt) und *Taylor's Testimony of Healing 2 months later; The follow up!!! – Tom Loud* (Taylors Heilungszeugnis 2 Monate später; die Fortsetzung!!!)

Den Kleiderschrank ausmisten

Der Teufel kann dem Geist eines Gläubigen nicht schaden, aber er kann dem fleischlichen Sinn Gedanken einflößen – Zweifel. So wie er es in meinem obigen Zeugnis mit Jerry getan hat.

Es sind diese Gedanken, die deine Achillesferse sind, wenn es darum geht, im Glauben zu handeln und Vollmacht zu demonstrieren. Als ich diese Wahrheit entdeckte, begann ich mit Autorität zu beten und legte meinem fleischlichen Sinn einen Knebel an, damit alles still war. Ich begann, einen Moment lang in Gottes Gegenwart zu ruhen.

Bevor wir entdecken können, was wir wirklich haben, müssen wir manchmal im übertragenen Sinne „den Kleiderschrank ausmisten" und uns von den falschen Überzeugungen befreien, die sich noch hartnäckig in unserem natürlichen, fleischlichen Sinn halten. Was ich damit meine, ist, dass du oft nicht erkennst, was du in dir trägst, bis du es entdeckst, indem du bewusst deine Gedankenmuster beurteilst und prüfst.

Auf diese Weise lernst du, im Geist zu wandeln – so wie du so ziemlich jede andere Fähigkeit lernst und entwickelst. Du gehst los und setzt diese Dinge in die Praxis um.

Diese Strategie habe ich benutzt, als ich einen Mann namens Rodrick mit Schmerzen im rechten Knie traf. Er hatte sich das Kreuzband gerissen und außerdem war ein Teil der Kniescheibe abgesplittert. Ich sagte Rodrick, dass ich für ihn beten würde und dass nicht nur der Schmerz geheilt werden würde, sondern auch die Absplitterung wieder an ihren Platz zurückkehren würde.

Rodrick sagte: „Niemals!"

Aber ich wusste es besser. Da mein fleischlicher Sinn ausgeschaltet war, hatte mein geistlicher Sinn die Kontrolle. Mein geistlicher Sinn wusste, dass Gott Rodricks Knie vollständig wiederherstellen würde. Mein geistlicher Sinn akzeptiert einfach als wahr, was Gott sagt. Er stellt die Realität von Gottes klaren Aussagen nicht in Frage. Das war nicht die Einstellung, mit der ich meinen Heilungsdienst begonnen hatte. Damals machte ich mich mit dem Wissen auf den Weg, dass Gott zwar eine vollständige Heilung herbeiführen *konnte*, aber ich war mir *nicht sicher*, ob er es auch tun würde.

Ich sagte zu Rodrick: „Das wird passieren." „Nö", sagte er.

Mein Sinn, der nun frei von Zweifeln war, wankte nicht mehr, weil der fleischliche Sinn ausgeschaltet war. Ich brauchte nicht mehr zu überlegen, wie oder warum das passieren würde. Ich brauchte nicht über alle möglichen Folgen nachzudenken. Es würde einfach geschehen, weil Gott gesagt hatte, dass es geschehen würde. Er sagte, er habe mir die Vollmacht zu heilen gegeben, und dann befahl er mir zu gehen und zu heilen. Mein wiedergeborener Geist ist perfekt mit Gottes Geist verbunden und im Einklang mit ihm. Mein Geist stellt nicht in Frage, was Gott sagt.

Rodricks Schmerzpegel lag bei etwa sieben, als er sein Knie bewegte. Ich sagte Rodrick, dass ich für ihn beten würde und er sich nur noch entspannen müsse.

„Himmlischer Vater", betete ich, „danke für Rodrick. Danke, dass du bist, wer du bist. Ich weiß, dass du Rodrick liebst und dass du diesen Termin heute für ihn gemacht hast, weil du nicht willst, dass er Schmerzen hat. Ich bete für dieses Knie. Ich bete, dass die Absplitterung sofort wieder dahin geht, wo sie hingehört. Ich befehle eine neue Kniescheibe, Muskeln, Sehnen und

Nerven. Ich befehle eine vollständige Wiederherstellung, dass alles wieder so wird, wie es vor der Verletzung war!

Ich hielt einen Moment inne, ohne den fleischlichen Sinn einzuschalten und ließ den Geist wirken. Dann fragte ich ihn, wie er sich fühle.

„Nichts“, sagte er.

„Prüfe es!“, sagte ich. „Achte auf den Schmerz. Sag mir ehrlich, wie es sich anfühlt.“

Er ging ein bisschen herum und sah verwirrt aus. „Keine Schmerzen“, sagte er. „Keine.“

„Weißt du, wie das möglich ist?“

„Der liebe Gott.“

Rodrick kannte Jesus bereits als seinen Erlöser, aber an diesem Tag lernte er Jesus als seinen Heiler kennen.

Der natürliche versus der geistliche Sinn

Der natürliche Sinn bzw. Verstand ist etwas, das nicht nur dem Menschen gegeben ist, sondern das auch Tiere besitzen. Ihr natürlicher Verstand ist zwar nicht so leistungsfähig wie der unsere, aber sie haben ihn und nutzen ihn, um in dieser Welt zurechtzukommen. Der natürliche Sinn lässt sich von dem leiten, was er in der physischen und natürlichen Welt sehen, spüren und rational erklären kann. Menschen wie der Wissenschaftler Stephan Hawking haben ihren natürlichen, rationalen, „fleischlichen Verstand“ so weit entwickelt, dass sie in der Lage sind, einige der komplexesten wissenschaftlichen Fragen und Theorien der Neuzeit zu untersuchen. Aber täusche dich nicht, Herr Hawking war absolut blind für die Dinge der geistlichen Welt.

Wenn du nur auf Basis deines Gehirns aus Fleisch und Blut agierst, kannst du nur die Dinge der natürlichen und physischen Welt verstehen. Wenn du jedoch die Dinge des unsichtbaren Bereichs des Geistes verstehen willst, musst du die Ressourcen des geistlichen Verstandes nutzen. Das ist nicht einfach eine Denkweise, wie manche glauben. Als wiedergeborene(r) Gläubige(r) besitzt du tatsächlich einen Verstand, der in der geistlichen Welt agieren und Informationen aus dem Verstand Gottes selbst empfangen kann.

Es ist von entscheidender Bedeutung, dass wir den Unterschied zwischen „menschlichem" Denken und Gottes Gedanken verstehen. Wenn wir erkennen können, wann der fleischliche Verstand spricht, und ihn von den Gedanken des Geistes unterscheiden können, dann können wir anfangen, mit Reich-Gottes-Kraft zu wirken.

Das Problem vieler von uns ist, dass wir unserem natürlichen Verstand die Herrschaft und Kontrolle über unser gesamtes Leben überlassen haben. Wir haben unserem natürlichen Verstand erlaubt, sich auf den Thron unseres Herzens zu setzen und alle unsere Entscheidungen und Regeln zu bestimmen. Darin liegt das Problem. Darum leben und wirken wir nicht in der Macht des Reiches Gottes, wie wir es eigentlich sollten. In dieser Macht zu agieren, hat absolut nichts mit dem „fleischlichen" Verstand zu tun.

Die Bibel sagt dies in Römer 10,10 (REÜ): *„Denn mit dem Herzen glaubt man und das führt zur Gerechtigkeit, mit dem Mund bekennt man und das führt zur Rettung."*

Wir müssen beachten, dass dieser Vers sagt: *„... mit dem Herzen glaubt man."* Es heißt nicht: *„... mit dem Verstand glaubt man."* Das liegt daran, dass wir nicht mit dem Verstand, sondern mit dem Herzen bzw. dem „Geist" an die Erlösung glauben. Gott hat uns einen Körper, eine Seele (die mit der Funktion unseres natürlichen Verstandes verbunden ist) und einen Geist gegeben. Wenn die Bibel in diesem Zusammenhang von unserem „Herz" spricht, ist damit nicht unser natürlicher Verstand gemeint, sondern unser Geist. Wir „glauben" mit unserem Geist (oder „Herz"), nicht mit unserem natürlichen Verstand.

Ich denke, du kannst in diesen Versen erkennen, dass dein natürlicher, fleischlicher Verstand andere Ziele im Leben verfolgt als dein Geist. Du musst auch wissen, dass dein natürlicher oder „fleischlicher" Verstand, solange du ihm nicht seinen Platz zuweist (und dem Geist unterordnest), sich dir bei allem widersetzen wird, was du in deinem Bestreben, in der Kraft des Königreichs zu wandeln, zu tun versuchst.

Gottes Verheißungen sind für jetzt

Viele von uns halten unbewusst an einer alttestamentlichen Sichtweise einiger Dinge fest. Diese Überzeugungen und Denkweisen legen eine Decke auf das, was Christus bereits für uns getan hat und was er uns bereits gegeben hat. Manchmal klammern wir uns an Überzeugungen, die alle Verheißungen Gottes in die Zukunft verschieben. Das bringt uns in die unglückliche Lage, dass wir darauf warten, dass Gott uns etwas gibt, was wir bereits erhalten haben.

Bevor Jesus ans Kreuz ging, galten viele der Verheißungen Gottes für die Zukunft. Aber wir müssen erkennen, dass sich nach dem Kreuz viele dieser Verheißungen bereits erfüllt haben und wir nicht mehr auf sie warten müssen. Sie gehören uns schon.

Wenn wir nicht wirklich glauben, dass wir diese Verheißungen bereits haben, erkennen wir das daran, dass wir immer wieder darum beten, dass Gott etwas auf uns herabregnen lässt. Wir tun so, als würden wir noch auf diese Dinge warten. Das deutet darauf hin, dass wir nicht wirklich glauben, dass wir sie bereits erhalten haben.

Wir beten, dass Gott uns die Salbung herabsendet. Wir flehen Gott an, eine Erweckung zu schicken. Das Problem ist, dass das unter dem Neuen Bund – dem Bund, den Gott mit uns durch das Blut seines Sohnes Jesus geschlossen hat – nicht mehr so funktioniert.

Gott sitzt nicht mehr oben im Himmel, weit außerhalb unserer Reichweite und Sichtweite, sondern Gott ist in unseren Herzen und wir sind immer in seiner Gegenwart. Der Gedanke, dass Gott weit oben und weit weg ist, ist eine alttestamentliche Sichtweise. Aber das sollte nicht unsere heutige Sichtweise sein.

Eines Tages traf ich einen Mann namens Carlos, als er bei der Arbeit Beton goss. Carlos erzählte mir, er habe seit fünfundzwanzig Jahren Schmerzen in seinem Rücken, weil vier Bandscheiben vorgewölbt seien. Jeden Tag hatte er ständige Schmerzen auf einem Niveau von etwa sieben oder acht von zehn. Ich legte meine Hand auf Carlos' Rücken und sprach zu seinen Schmerzen. Ich sprach zu den Bandscheiben, den Wirbeln und der Wirbelsäule. Ich sagte, dass alles heil und frei von Beschwerden werden soll.

„Ich habe etwas gespürt", sagte Carlos, als ich mein Gebet beendet hatte.

Ich bat ihn, seinen Rücken zu testen – den Rücken, der ihn seit fast drei Jahrzehnten daran gehindert hatte, ein normales Leben zu führen. Ich sagte ihm, er solle ganz ehrlich sein und nach den Schmerzen suchen.

Er sagte: „Ich weiß nicht ..." Er bewegte sich ein bisschen mehr. „Es gibt keine Schmerzen."

Ich sagte ihm, dass Gott ihn liebt.

„Ich bin kurz vorm Weinen", sagte Carlos. Und wenn du Carlos kennen würdest, würdest du verstehen, wie bemerkenswert seine Reaktion war. Er war kein kleiner Mann. Er war hart im Nehmen, weil er schon lange körperlich gearbeitet hatte.

Leute gingen vorbei, während ihm die Tränen über das Gesicht liefen. „Ich schäme mich nicht", sagte er.

Dann geschah das größte Wunder von allen: Carlos nahm den Herrn als seinen Retter an!

Wir brauchen Gott nicht, um uns etwas zu schicken. Alles, was wir brauchen – und noch mehr – wurde uns bereits gegeben. Was wir brauchen, ist, *das* anzunehmen*, was uns bereits gehört.*

Vom Fußschemel zum Thron

In Jesaja 66,1 sagt der Herr, dass der Himmel sein Thron und die Erde der Schemel seiner Füße ist. Für die Menschen zur Zeit Jesajas war es angemessen, mit Blick in den Himmel zu beten und zu sagen: „Der Himmel, oh Herr, ist dein Thron und die Erde ist dein Schemel." Diese Art von Bildern führt dazu, dass wir uns die Person, die das Gebet spricht, weit unten auf der Erde (auf dem Schemel) vorstellen, während sie zu einem Gott weit oben im Himmel betet, der auf einem unnahbaren Thron sitzt. Aber diese Perspektive hat sich geändert. Seit Jesus am Kreuz gestorben ist, ist alles anders geworden.

Heute lebt Gott in uns und sitzt auf dem Thron unseres Herzens, und es gibt keine Distanz oder Trennung mehr zwischen uns. Gott lebt nicht nur in unseren Herzen, sondern wie wir gelernt haben, sitzen wir mit ihm in diesem Moment in den himmlischen Örtern.

> *Er hat uns mitauferweckt und mitsitzen lassen in der Himmelswelt in Christus Jesus, damit er in den kommenden Zeitaltern den überragenden Reichtum seiner Gnade in Güte an uns erweist in Christus Jesus* (Eph 2,6-7).

Heute, in der Zeit nach dem Kreuz, ist unsere Perspektive nicht mehr der Schemel (der Blick hoch zum Thron). Vielmehr blicken wir vom Thron auf die Erde (den Schemel) hinunter. Wenn wir uns so sehen, dass wir vom Thron aus auf die Erde hinunterblicken, erscheinen uns all die Dinge, die wir vorher als Riesen betrachtet haben, eher wie Ameisen. Genau so will Gott, dass wir die Dinge heute sehen – aus der „Thron"-Perspektive.

Wir müssen also unsere Denkweise ändern und unsere Sichtweise an die neutestamentliche Perspektive nach dem Kreuz anpassen. Ich werde dir die Wahrheit sagen: Alles, was du glaubst, dass es dir im Bereich des Geistes fehlt, hast du bereits.

Deinen neuen Sinn aktivieren

Wie ich bereits gesagt habe, hast du bereits alle Schlüssel zum Königreich, aber das Problem ist, dass du vielleicht nicht weißt, wie du sie benutzen kannst. Wenn du nicht weißt, wie du die Schlüssel benutzen sollst, haben sie keinen praktischen Wert und sind für dich nutzlos. Du wirst dein Leben weiterhin wie jemand leben, der die Schlüssel nicht hat.

Unser Verstand ist nicht schlecht, er ist nur nicht vom Geist Gottes geprägt. Der fleischliche Verstand hat eine legitime Funktion in unserem Leben. Er wurde dem Menschen gegeben, damit unser Körper in der natürlichen Welt richtig funktionieren kann. Der natürliche und fleischliche Verstand sorgt für die Durchblutung deines Herzens und steuert alle lebenswichtigen Systeme in deinem Körper. Er ist auch nützlich, um Probleme zu lösen, die im physischen Bereich auftreten.

Dein natürlicher Verstand ist das, was du benutzt, um mathematische und mechanische Probleme zu lösen. Er ist gut geeignet, um herauszufinden, wie du dein Auto, deinen Kühlschrank oder deine Waschmaschine reparieren kannst, aber er ist nicht für geistliche Aufgaben geeignet. Doch jetzt, wo du verstehst, dass die größte Blockade oder das größte Hindernis, das du hast, wenn es darum geht, in geistlicher Kraft zu leben oder zu wirken, die Blockade zwischen deinen Ohren ist, kannst du diese entscheidende Veränderung vornehmen.

In 1. Korinther 2,14 sagt die Bibel: *„Ein natürlicher Mensch aber nimmt nicht an, was des Geistes Gottes ist, denn es ist ihm eine Torheit, und er kann es nicht erkennen, weil es geistlich beurteilt wird."*

Das muss aber kein Problem für uns sein, denn wir erinnern uns an diese wichtige Wahrheit: *„Wir aber haben Christi Sinn"* (1. Korinther 2,16b), und dieser Sinn ist ein geistlicher Sinn, der die Dinge der geistlichen Welt erkennt und annimmt.

Tatsache ist, dass du, wenn du im Geist wiedergeboren bist, einen neuen Sinn bekommst. Wenn ich sage, dass du einen neuen Sinn bekommst, will ich damit nicht sagen, dass der alte Sinn nicht mehr vorhanden ist, denn das ist er natürlich. Die Herausforderung besteht darin, dass der alte Sinn immer noch Einwände erhebt und sich in die Dinge des Geistes einmischt. Ich sage nicht, dass dein natürlicher Verstand weg ist, sobald du Christus angenommen hast. Vielmehr sage ich, dass du einen neuen Sinn bzw. Verstand bekommst, wenn du Christus in dein Herz aufnimmst. Du kannst dich entscheiden, ob du *diesen neuen Verstand in deinem geistlichen Leben einsetzen willst* oder ob du zulassen willst, dass dein natürlicher Verstand weiterhin dein Leben bestimmt, so wie er es vor deiner Errettung getan hat.

Wenn du zulässt, dass dein natürlicher und fleischlicher Verstand die Kontrolle über dein Leben behält, wird er dich dazu bringen, dein wiedergeborenes Leben ohne Glauben und Kraft zu führen. Das Ergebnis ist, dass du ein Leben führst, das sich nicht von dem anderer Menschen unterscheidet, die in dieser natürlichen Welt geboren wurden.

Wann man aufhören sollte zu beten

Es ist an der Zeit, dir diese Frage zu stellen: „Haben Jesus oder seine Jünger ein normales Leben geführt, das sich nicht vom Rest der Welt unterschied, oder haben sie ein Leben geführt, das von Wundern, Unerklärlichem und Ungewöhnlichem geprägt war?"

Das Problem vieler gläubiger Christen ist, dass sie keine eigenen, realen, persönlichen Erfahrungen machen, bei denen sie erleben, wie Gott auf mächtige, übernatürliche Weise handelt. Sie haben nicht die Erfahrungen, die diejenigen gemacht haben, die Christus im Neuen Testament gefolgt sind. Es ist offensichtlich, dass die frühen Christen in ihrem täglichen Leben häufig Wunder erlebten.

Der Grund, warum viele Christen diese Art von übernatürlichen Erfahrungen nicht machen, liegt vor allem darin, dass sie nur aus ihrem fleischlichen Sinn heraus handeln und nicht aus der Natur des „neuen Menschen" (vgl. Epheser 4,22).

Um deine alte Natur (deine alte Denkweise) zu erkennen und anzufangen, auf eine neue Art zu denken, wollen wir uns gemeinsam ein paar Bibelstellen ansehen.

In Epheser 1,3 heißt es: *„Gepriesen sei der Gott und Vater unseres Herrn Jesus Christus! Er hat uns gesegnet mit jeder geistlichen Segnung in der Himmelswelt in Christus."*

Stell dir das mal so vor: Manchmal ertappen wir uns dabei, dass wir beten: „Herr, bitte gib uns diese Gabe, gib uns diesen Segen, gib uns diese Offenbarung und gib uns diese Fähigkeit", aber Gott sagt: „Wach auf, es ist schon in dir!"

Es ist, als würden wir sagen: „Gott, schick uns den Download", und er sagt: „Du hast den Download schon, öffne einfach die Datei!" Wenn du „die Datei öffnest" (anerkennst, was dir bereits gegeben wurde), dann wirst du alles darin finden, was du brauchst. Wenn du erkennst, was du bereits hast, dann hörst du auf, darum zu beten.

Der Verstand eines Zebras

Ich frage die Leute oft, ob sie schon einmal jemanden auf einem Zebra reiten gesehen haben. Die Antwort ist meistens nein. Der Grund dafür ist sehr wichtig. Ein Zebra sieht zwar aus wie ein Pferd, aber die beiden sind sehr unterschiedlich.

Ein wildes Pferd kann eingefangen werden, und ein erfahrener Reiter kann es „brechen". Beim Brechen eines Pferdes geht es darum, seinen Willen zu brechen, damit es sich dem Reiter unterwirft. Wenn der Reiter auf den Rücken des Wildpferdes steigt, versucht es instinktiv, den Reiter sofort abzuwerfen. Nach einer Weile gibt das Pferd auf und unterwirft sich dem Reiter. Ein gebrochenes Pferd ist jetzt ein Diener des Menschen und nicht mehr nur ein unkontrollierbares, wildes Tier.

Zebras sehen vielleicht wie Pferde aus, sind aber nicht dasselbe. Ein Zebra kann nicht gebrochen werden. Es wird sich niemals einem Reiter unterwerfen, sondern bockt und bockt, bis es tot umfällt. Du kannst ein Zebra nicht brechen, und du kannst den fleischlichen Verstand nicht dazu bringen, sich Gottes Wort zu beugen oder zu unterwerfen.

Was du tun kannst, ist, stattdessen auf den geistlichen Sinn bzw. Verstand umzuschalten.

Du könntest versuchen, den Rest deines Lebens auf dem Zebra deines fleischlichen Verstandes zu reiten, aber er wird sich niemals dem Gehorsam gegenüber Gottes Wort oder der Führung des Heiligen Geistes unterwerfen. Vielleicht hilft dir dieses Wortbild, wenn du das nächste Mal in einer Situation bist, in der du dich von deinem fleischlichen Verstand lösen und stattdessen in deinem geistlichen Verstand wandeln musst: Steig von dem Zebra ab. Steig auf das Pferd.

Was ist eigentlich geistliche Kampfführung?

Alle Probleme und Schwierigkeiten, die wir haben, wenn wir versuchen, ein geisterfülltes Leben zu führen, hängen damit zusammen, dass wir unseren fleischlichen Verstand nicht unter Kontrolle haben. Nimm zum Beispiel die Angst. *„Denn Gott hat* *uns nicht gegeben den Geist der Furcht, sondern der Kraft und der Liebe und der Besonnenheit"* (2. Timotheus 1,7 LUT). All diese wunderbaren Dinge gibt es im Sinn Christi, dem Sinn des neuen Menschen, und nicht im fleischlichen Verstand.

Könnte es sein, dass wir diese geistlichen Kämpfe nicht gewinnen, weil wir alles falsch machen? Denn wenn wir es richtig machen würden, müssten wir dann nicht schon längst erfolgreich sein?

Hast du dich jemals gefragt, wie viel Gutes unser geistlicher Kampf tatsächlich bewirkt? Manche von uns ringen seit Jahren mit denselben Problemen und haben sie immer noch nicht überwunden. Ich möchte, dass du dir mit mir die Bibel über den Kampf, den Krieg und den Konflikt ansiehst, den wir in dieser Welt haben – den Kampf, den wir gegen unseren Feind, den Teufel, führen.

> *Denn unser Kampf ist nicht gegen Fleisch und Blut, sondern gegen die Gewalten, gegen die Mächte, gegen die Weltbeherrscher dieser Finsternis, gegen die geistigen Mächte der Bosheit in der Himmelswelt* (Eph 6,12).

Wir kämpfen nicht gegen Fleisch und Blut. Aber wir ringen trotzdem. Womit ringen wir also? *„… gegen die Gewalten, gegen die Mächte, gegen die Weltbeherrscher dieser Finsternis, gegen die geistigen Mächte der Bosheit in der Himmelswelt."*

Hier wird klar zum Ausdruck gebracht, dass unser Ringkampf nicht Fleisch gegen Fleisch ist, sondern dass unser Gegner ein Geist ist. Und wenn wir effektiv gegen diesen Geist kämpfen wollen, müssen wir lernen, wie wir *aus dem Geist* und *im Geist* kämpfen können.

Viel zu lange haben die Menschen missverstanden, wie geistliche Kampfführung eigentlich aussieht. Lass uns einmal herausfinden, worum es wirklich geht, indem wir uns 2. Korinther 10,3-6 (GNB) ansehen: *„Ich bin zwar nur ein Mensch, aber ich kämpfe nicht nach Menschenart. Meine Waffen in diesem Kampf sind nicht die eines schwachen Menschen, sondern die mächtigen Waffen Gottes. Mit ihnen zerstöre ich feindliche Festungen: Ich bringe falsche Gedankengebäude zum Einsturz und reiße den*

Hochmut nieder, der sich der wahren Gotteserkenntnis entgegenstellt. Jeden Gedanken, der sich gegen Gott auflehnt, nehme ich gefangen und unterstelle ihn dem Befehl von Christus."

Dieser Abschnitt sagt dem Gläubigen, dass wir Waffen haben und Krieg führen, aber er sagt, dass die Waffen unseres Kampfes nicht natürlich oder fleischlich sind, sondern durch Gott mächtig sind. Wir wissen also, dass wir einen Feind haben. Wir wissen, dass wir Waffen haben und wir wissen, dass wir im Krieg sind. Das ist doch alles ganz klar, oder?

Wir alle werden gegen den Teufel kämpfen müssen, und zu unserem Glück sind unsere Waffen mächtig. Das klingt ziemlich gut, oder? Uns wird auch gesagt, dass unsere Waffen so mächtig sind, dass sie Festungen niederreißen können. Das klingt großartig, nicht wahr? Wenn du das alles bedenkst, kannst du dir vorstellen, dass du mit diesen mächtigen Waffen ausgerüstet bist und mit ihnen die Teufel in Stücke schneiden kannst. So interpretieren wir diese Worte doch normalerweise, oder?

Aber hör noch einmal genau hin, was da steht: *„Meine Waffen in diesem Kampf sind nicht die eines schwachen Menschen, sondern die mächtigen Waffen Gottes. Mit ihnen zerstöre ich feindliche Festungen: Ich bringe falsche Gedankengebäude zum Einsturz."* Und was sind das für Festungen, die wir zum Einsturz bringen?

Gedankengebäude.

Was?

Die Waffen, die wir haben, sind nicht dazu da, um Dämonen zu vernichten, sondern um *Gedankengebäude* zu zerstören? Meinst du die Gedankengebäude, die in unserem natürlichen Verstand sind? Fahren wir fort und sehen wir uns an, was diese Waffen sonst noch in unserer Kriegsführung bewirken können.

„... und reiße den Hochmut nieder, der sich der wahren Gotteserkenntnis entgegenstellt." Diese mächtigen Waffen zerstören die Festungen einer Art von Wissen, das sich über das Wissen Gottes stellt. Das ist die Art von Wissen, die sich in deinem Kopf befindet. Dieses Wissen kam durch menschliche Lehren, die im Gegensatz zu Gottes Lehren stehen, sowie durch die lügnerischen Suggestionen deines Feindes – des Teufels – dorthin.

Lehren, wie: „Der Mensch hat sich aus dem Affen entwickelt." Dieses falsche Wissen wird in den Schulen als Tatsache und als wissenschaftliche Wahrheit gelehrt. Aber solcherlei Wissen steht im Gegensatz zu Gottes Wissen, wie es in seinem Wort zum Ausdruck kommt.

Das Wissen, das wir in Gottes Wort finden, sagt uns, dass Gott den Menschen nach seinem Ebenbild geschaffen hat. Gott ist sicherlich kein Affe! Der Mensch stellt oft sein eigenes Wissen über das von Gott, aber nur eines kann wahr sein. Diese mächtigen Waffen der Kriegsführung, die uns gegeben wurden, dienen dazu, all das falsche Wissen zu zerstören, das durch falsche Lehren eingepflanzt wurde und nun in deinem natürlichen (fleischlichen) Verstand wohnt.

Gehen wir in diesem Vers noch ein bisschen weiter und sehen wir uns an, was diese „mächtigen Waffen" sonst noch anrichten können: *„Jeden Gedanken, der sich gegen Gott auflehnt, nehme ich gefangen und unterstelle ihn dem Befehl von Christus."*

Wieder einmal kämpfen diese Waffen gegen Gedanken und nehmen sie gefangen. Und wo befinden sich diese Gedanken? Sie befinden sich im fleischlichen Verstand, dem Verstand des alten Menschen.

Der große Ringkampf, in dem du stehst, findet in deinem Kopf statt, und wir müssen lernen, den Kampfplatz des fleischlichen Verstandes zu verlassen, da dort der Teufel seine Schlachten mit dir kämpft. Anstatt mit den Schwächen des natürlichen Verstandes gegen einen boshaften Geist zu kämpfen, müssen wir lernen, in den Sinn Christi einzutreten, wo der Feind keine Macht hat, weil du in Christus die ultimative Autorität über deinen Feind erhalten hast.

Wenn du den Sinn Christi „anziehst", gibt es keinen Kampf mehr. Der Kampf ist vorbei, denn in Christus bist du bereits der Sieger. In der Gesinnung des Geistes (der Gesinnung des neuen Menschen) bist du bereits ein Überwinder und dein Feind hat keine Macht mehr. Er ist dir sogar schon unter die Füße gelegt worden.

Göttlicher Glaube

Hast du dich jemals gefragt, was für einen Glauben Gott hat? Ist er wie unser Glaube? Er ist ganz und gar nicht wie unser Glaube. Aber wir können einen Glauben wie Gott haben. In Markus 11,22 sagt Jesus: „Habt Glauben an Gott!" Bei genauerer Betrachtung dieses Verses stellten einige Gelehrte fest, dass er besser mit „Habt den Glauben Gottes" wiedergegeben werden sollte. Gott hat seine eigene Art von Glauben, und ich will kein billiges Imitat davon. Ich will die Art, die er hat. Willst du das nicht auch?

Denke jetzt einmal über Folgendes nach: Gott hat noch nie einen neuen Gedanken gehabt. Mache dir das mal einen Moment lang bewusst. Du und ich haben einen kreativen Prozess mit unseren Gedanken. Dieser Prozess hat einen Anfang und ein Ende. Er braucht Zeit. Gott hat keinen solchen Prozess. Ihm steht alles Wissen unmittelbar zur Verfügung. Es hängt nicht von der Zeit ab, und es ist kein Prozess notwendig.

Wenn wir über unseren Schöpfer nachdenken, stellen wir uns Gott manchmal so vor, als wäre er genau wie wir. In Wirklichkeit ist er aber ganz anders als wir, was sein Denken und Handeln angeht. Wir stellen ihn uns als jemanden vor, der, vielleicht in einer vergangenen Ewigkeit, ganz allein an einem leeren Ort saß und eines Tages zu sich sagte: „Hmm, was soll ich erschaffen? Vielleicht erschaffe ich ja ... Hm, mal sehen. Ein paar Planeten! Ja, das ist es! Und ich setze ein paar Menschen darauf, und Tiere und Bäume. Das ist eine tolle Idee. Das werde ich machen!"

Nichts dergleichen ist jemals passiert, denn alles, was Gott jemals in den Sinn gekommen ist, war schon immer in seinem Sinn. Nichts war jemals ein neuer Gedanke für ihn. Er hat alles von Anfang an gewusst. Es gibt keinen Prozess, den sein Verstand durcharbeiten muss. Für ihn ist alles einfach nur Wissen. Er weiß, was in einer Million Jahren passieren wird, und er weiß, was vor einer Million Jahren passiert ist. Für ihn ist das alles dasselbe. Er steht außerhalb der Zeit und alles in seinem Sinn ist einfach nur Wahrheit. Wissen. Tatsache.

Wenn du lernst, aus dem Sinn des Geistes zu agieren, musst du nicht alles lernen. Du musst nur wissen, was laut Gottes Wort die

Fakten sind. Wenn wir Gottes Wort als Tatsache akzeptieren könnten, bräuchten wir nicht zu versuchen, es zu glauben oder Glauben dafür zu haben. Mir wurde beigebracht, dass es direkt um mich herum Radiowellen in der Luft gibt, auch wenn ich sie nicht sehen oder spüren kann. Ich versuche nicht, an sie zu glauben. Ich akzeptiere sie einfach als Tatsache, weil ich auf das Wort der Wissenschaftler vertraue, die das Thema umfassend erforscht und bewiesen haben. Ich habe die Forschung nicht selbst betrieben. Ich habe sie einfach beim Wort genommen. Als ich das erste Mal von Radiowellen erfuhr, musste ich nicht versuchen, daran zu glauben, ich habe es einfach als Tatsache akzeptiert.

Warum müssen wir also versuchen, Gottes Wort zu glauben? Warum können wir es nicht einfach aufgrund der Zuverlässigkeit desjenigen, der es gesagt hat, als Tatsache betrachten? Echter Glaube (Gottes Glaube) ist keine Frage eines Prozesses. Er ist eine vollständige Akzeptanz dessen, was Gott gesagt hat, als absolute Tatsache.

Kindlicher Glaube

Die Bibel spricht über etwas, das „kindlicher Glaube" genannt wird und das in Lukas 18 zu finden ist. Diese Art von Glaube ist kraftvoll und effektiv. Er ist rein und hat keine Zweifel in sich. Das ist die Art von Glaube, mit der man die Dinge des Reiches Gottes empfangen kann.

Wie sieht also der Glaube eines Kindes aus? Er sieht wie folgt aus: Ein Elternteil erzählt seinem Kind, dass es einen dicken Mann in einem roten Anzug gibt, der in einem Schlitten herumfliegt, der von acht kleinen Rentieren gezogen wird. Er erzählt weiter, dass dieser Mann einmal im Jahr einen Sack trägt, der groß genug ist, um jedem Kind auf der ganzen Welt Geschenke zu bringen, und dass er diese Aufgabe in einer Nacht erledigen kann. Das Kind glaubt es, ohne zu fragen. Und warum? Weil das Kind zu seinen Eltern aufschaut und darauf vertraut, dass sie wissen, wovon sie reden. Es glaubt, dass die Worte seiner Eltern vertrauenswürdig sind.

Es glaubt diese haarsträubende Geschichte, ohne dass man ihm die offensichtlichen Probleme und Unmöglichkeiten erklären muss, wie z. B. die schlechte Aerodynamik des Schlittens, die fehlende Schubkraft der Rentiere oder die unpraktische Größe und das Gewicht einer Tasche, die groß genug ist, um Spielzeug für jedes Kind auf der Erde zu transportieren.

Das Kind braucht keine Erklärung. Die Tatsache, dass es ihm von seinen Eltern erzählt wurde, ist der einzige Beweis, den es braucht, um zu glauben.

Bei dieser Analogie gibt es ein offensichtliches Problem. Eltern können sich irren und Eltern können lügen. Später im Leben lernt das Kind die Fehlbarkeit seiner Eltern kennen und fängt dann an, Fragen zu stellen, anstatt alles blind zu glauben, was seine Eltern sagen.

Das sollte aber nicht das Problem sein, das wir haben, wenn wir glauben, was unser himmlischer Vater uns in seinem Wort sagt. Es sollte kein Problem darstellen, denn im Gegensatz zu menschlichen Eltern hat Gott, der Vater, nie gelogen und sich nie geirrt. Der Vater möchte, dass wir seinem Wort glauben, wie ein kleines Kind es tun würde. Wir glauben, was er sagt, ohne dass es einer Erklärung bedarf, weil wir volles Vertrauen in den haben, der es gesagt hat. Das ist kindlicher Glaube. Er ist rein, unerschütterlich und unglaublich mächtig.

Einmal traf ich eine Siebenten-Tags-Adventistin namens Josephine. Josephine wollte nicht, dass ich ihr die Hände auflege. Weil ich glaubte, dass Gott sie heilen konnte, egal ob ich sie berührte oder nicht, zuckte ich mit den Schultern und sagte: „Er wird dich trotzdem heilen."

Josephine hatte Schmerzen in der Schulter aufgrund eines Bandscheibenvorfalls im Nacken. Zu dem Zeitpunkt, als ich sie traf, hatte sie Schmerzen der Stufe fünf. Ich sagte ihr, dass ich einen Schatten benutzen würde, um für sie zu beten und dass Gott die Schmerzen beseitigen würde. Ich sagte das als Tatsache, weil es eine Tatsache war.

Ich sprach zu ihren Muskeln, Sehnen, Bändern und Wirbeln, dass sie wieder an die richtige Stelle gehen sollten. Ich befahl dem Schmerz, sofort zu verschwinden. Als ich fertig war, bat ich Josephine, ihren Nacken und ihre Schulter zu überprüfen.

„Was hast du mit mir gemacht?", fragte sie. „Der Schmerz ist weg."

„Was sagst du dazu?", fragte ich sie.

„Ist es psychologisch?", fragte sie mich und versuchte, logisch abzuleiten, wie der Schmerz ihren Körper verlassen hatte.

„Nein", antwortete ich. „Josephine, Jesus sagte den Aposteln, sie würden größere Werke tun als er. Du weißt es noch nicht, aber da du Jesus in dir trägst, kannst du das auch tun. Alles, was du brauchst, ist Glaube."

Der natürliche Verstand hat Probleme damit, Gottes Wort zu glauben. Das liegt daran, dass es ihm schwerfällt, Dinge als Tatsache zu akzeptieren, die er nicht sehen oder spüren kann. Er hat ein Problem mit den Dingen, die in Gottes Wort als wahr erklärt werden, wenn sie mit den natürlichen Sinnen nicht wahrgenommen werden können. Genau wie die Radiowellen ist Gott, ob du es glaubst oder nicht, real, lebendig und gegenwärtig. Und sein Wort ist wahr.

Das ist der Unterschied zwischen dem Versuch, die Dinge Gottes mit dem fleischlichen Verstand zu glauben, und dem, dass wir sie mit dem Verstand des Geistes wirklich glauben. Wenn du aus dem geistlichen Sinn heraus agierst, musst du nicht mit Dingen ringen wie: „Oh, wie funktioniert das? Lass mich genau verstehen, wie das funktioniert. Lass mich herausfinden, wie das möglich sein kann. Menschenskind, wie kann das möglich sein?"

Wenn wir auf diese Weise mit dem fleischlichen Verstand denken, statt mit dem Verstand des Geistes, bleiben wir in dem Sumpf stecken, dass wir *versuchen, Dinge zu verstehen*, bevor wir sie annehmen, empfangen oder glauben können. So funktioniert es bei Gott nicht – er weiß es einfach.

Kannst du dir diese Art von Glauben vorstellen, bei der du anfängst, in der Gesinnung Christi zu agieren, und diese Gesinnung völlig mit dem Wort Gottes übereinstimmt? Die Gesinnung Christi hat überhaupt keine Argumente oder Meinungsverschiedenheiten mit dem Wort Gottes. Vielmehr stimmt sie völlig und bedingungslos mit Gottes Wort überein, weil sie weiß, dass das

Wort Gottes einfach eine Tatsache und keine Theorie ist. Es ist keine Meinung oder Wunschdenken. Es ist einfach eine unanfechtbare Tatsache.

Kannst du dir vorstellen, aus dieser Einstellung heraus zu handeln? Stell dir vor, du könntest einfach auf das Wort Gottes schauen und sagen: „Oh, das Wort sagt dies. Es ist einfach eine Tatsache und es ist kein Denkprozess notwendig. Ich muss es nicht verstehen. Ich muss nicht darüber nachdenken."

Das ist so, als hättest du einen Mathetest und alle Antworten nach dem Gleichheitszeichen wären bereits ausgefüllt und du müsstest sie nicht mehr erarbeiten. Du liest die Gleichung einfach laut vor: „Zwei plus zwei ist gleich vier. Das war's. Fertig."

So sieht es aus, wenn du in reinem Glauben agierst, wie Gott ihn hat. Reiner Glaube bedeutet, dass du aus dem Sinn Christi heraus handelst, der bereits mit dem Wort Gottes völlig übereinstimmt.

KAPITEL 7

Der Schlüssel der Berufung

In 2. Korinther 9,8 sagt die Bibel: *„Gott aber vermag euch jede Gnade überreichlich zu geben, damit ihr in allem allezeit alle Genüge habt und überreich seid zu jedem guten Werk."*

Ich bezeichne die Heilung von Menschen als gutes Werk. Ich nenne die Befreiung von Menschen ein gutes Werk. Gottes Wort sagt, dass wir bereits alles erhalten haben, was wir brauchen, um zu jedem guten Werk überreich zu sein. Aber zuerst müssen wir glauben, dass dies nicht nur unsere Berufung ist, sondern dass sie auch möglich ist.

Du bist berufen

Jesus verkündete die Wahrheit, aber er war nicht der Einzige, der behauptete, der Messias zu sein. Warum sollten die Menschen ihm mehr als anderen glauben, die andere „Wahrheiten" predigten? Weil Jesus in der Lage war, seine Worte mit Taten zu untermauern – mit Zeichen und Wundern.

Über das Wirken von Wunder sagte Jesus Folgendes: *„Wenn ich sie aber tue, so glaubt den Werken, wenn ihr auch mir nicht glaubt, damit ihr erkennt und versteht, dass der Vater in mir ist und ich in dem Vater!"* (Joh 10,38).

Das Evangelium, das wir verkünden sollen, wird von vielen nicht geglaubt werden, wenn unser Evangelium nur aus Worten besteht. Wie Jesus gezeigt hat, sollten die Worte von der Demonstration der Macht Gottes begleitet sein.

Einige sind zu Aposteln berufen, andere zu Hirten, andere zu Lehrern und wieder andere zu Evangelisten. Aber alle sind dazu berufen, Botschafter zu sein, die bevollmächtigt sind, Gottes

Macht zu demonstrieren, wohin sie auch gehen. Sein Reich zeigt sich nicht nur in Worten, sondern auch in Zeichen und Wundern.

Paulus hatte Folgendes zu diesem Thema zu sagen: *„... mein Wort und meine Predigt geschahen nicht mit überredenden Worten der Weisheit, sondern im Erweis des Geistes und der Kraft"* (1. Korinther 2,4 LUT).

Wir haben vielleicht keine spezifische Berufung wie das Lehren oder Evangelisieren als primäre Gabe und Salbung von Gott bekommen, aber wir alle haben die Berufung, Jünger zu sein. Und so beweist ein Jünger die Gültigkeit von Gottes Wort: *„Sie aber zogen aus und predigten an allen Orten. Und der Herr wirkte mit ihnen und bekräftigte das Wort durch die mitfolgenden Zeichen"* (Markus 16,20 LUT).

Wer ist also dazu berufen, diese Art von Zeichen und Wundern zu vollbringen? Du bist es! Wir alle sind dazu aufgerufen, im Namen Jesu gute Werke zu tun.

Eine neue Schöpfung in Christus

Du sagst vielleicht: „Ich habe in meinem Leben einige wirklich schlimme Dinge getan. Ich habe meinen Dienst ruiniert. Ich kann jetzt nicht mehr gebraucht werden." Aber das ist nicht biblisch.

> *Daher, wenn jemand in Christus ist, so ist er eine neue Schöpfung; das Alte ist vergangen, siehe, Neues ist geworden* (2 Kor 5,17).

Als wir von oben wiedergeboren wurden, sind wir eine neue Schöpfung geworden. Wenn du das Originalwort für „neue Schöpfung" in 2. Korinther 5,17 nachschlägst, wirst du feststellen, dass es das griechische Wort *ktisis* ist, das mit „Schöpfung" übersetzt wird. Es bedeutet wörtlich: „Eine neue Schöpfung, immer von Gott geschaffen". Hast du das gehört? Wir sind eine neue Kreatur geworden – eine andere Art von Kreatur, als wir jemals zuvor waren!

Du magst wieder argumentieren, dass die unglücklichen Sünden, die dich von guten Werken abhalten, Sünden sind, die du *nach* der Erlösung begangen hast. Aber du sprichst über dein

Fleisch – ein Fleisch, dem vergeben werden kann, wenn du dich auf die Gnade des Heiligen Geistes stützt.

Am Anfang wurde der Mensch nach dem Ebenbild Gottes geschaffen, aber dann fiel er in Sünde. Als der Mensch Gottes Gebot nicht einhielt, wurde dieses perfekte und herrliche Ebenbild getrübt. Seine Herrlichkeit wurde in Mitleidenschaft gezogen. Aber das alles ändert sich, wenn wir mit Christus verbunden sind.

Wenn wir von unserem alten Leben der Sünde und des Ungehorsams umkehren, uns Christus zuwenden und ihn einladen, in unserem Herzen zu wohnen, wird das Bild des gefallenen Menschen wiederhergestellt. Wir erleben eine wunderbare Verwandlung. Wir werden nicht einfach ein besserer Mensch, sondern ein anderer Mensch. Wir werden ganz neu! Wenn er das Bild, für das wir ursprünglich geschaffen wurden, wiederherstellt, verschwindet der alte Mensch und ein neuer Mensch tritt an seine Stelle.

Du bist nicht „zu weit gegangen", um im Reich Gottes von Nutzen zu sein, denn die Kraft des lebendigen Gottes ist in dir. Sein Geist ist in dir. Sein Herz ist in dir. *Das* ist es, was du wirklich bist: Gottes erlöstes Kind. Durch die Kraft Gottes verschwinden die Sünden des Fleisches, wenn wir umkehren.

Diese wunderbare Verwandlungskraft von Gottes Heiligem Geist macht uns augenblicklich zu einer neuen Schöpfung, zu einem neuen Menschen. Die neue Schöpfung ist die Art von Schöpfung, die die gleiche geistliche DNA wie unser himmlischer Vater hat. Diese neue Schöpfung gleicht nicht mehr dem alten, gefallenen Menschen, sondern ist in Wirklichkeit göttlichen Ursprungs. Wir, die einst von Gott getrennte Sünder waren, sind jetzt Söhne und Töchter Gottes geworden.

Gottes eigenes Herz

Gnade und Frieden vermehre sich bei euch dadurch, dass ihr Gott und unseren Herrn Jesus immer besser und tiefgründiger kennenlernt. In seiner göttlichen Macht hat er uns alles geschenkt, was wir zu einem Leben in liebevoller Ehrfurcht vor Gott brauchen. Er hat uns den erkennen lassen, der uns durch ‹seine› eigene Herrlichkeit und Wundermacht berufen hat. So hat er uns das Größte und Wertvollste überhaupt geschenkt: Er hat versprochen, dass ihr Anteil an seiner göttlichen Natur bekommt. Denn ihr seid ja schon dem Verderben entkommen, dem diese Welt durch ihre Leidenschaften verfallen ist (2 Petr 1,2-4 NEÜ).

Dieser Vers sagt uns, dass wir „Anteil an seiner göttlichen Natur" bekommen haben. Das bedeutet, dass wir nicht mehr die Natur des gefallenen Menschen haben, sondern die Natur unseres göttlichen Vaters. Dieser neue Mensch hat neue Wünsche. Dieser neue Mensch hat ein neues Herz.

Ohne Gottes göttliches Wesen zu haben, hätte ich niemals zwei Freunden dienen können, die ich in einem Skatepark kennenlernte – beide hießen David!

Der erste David, mit dem ich sprach, erzählte mir, er habe starke Schmerzen in seinem linken Knöchel, die etwa auf Stufe acht von zehn lagen. Anstatt seinen Knöchel zu berühren, legte ich meine Hand darüber und warf einen Schatten auf die schmerzende Stelle. Als ich fertig war, bat ich ihn, nach dem Schmerz zu suchen.

„Es ist total weg", sagte er.

„Was hältst du davon?" fragte ich.

„Ich bin überwältigt", sagte er. Aufgrund seines verblüfften Gesichtsausdrucks glaubte ich ihm!

Nachdem ich für seinen Knöchel gebetet hatte, betete ich auch noch für seine Kniescheibe. Natürlich hat Gott auch diese geheilt. David hüpfte wieder auf sein Skateboard und raste davon.

Sein Freund, der andere David, hatte die ganze Zeit zugesehen. „Hey, ich habe auch Schmerzen."

Nachdem ich für seinen Knöchel gebetet hatte, nahm er tatsächlich seinen Fuß in die Hand und bog ihn in alle Richtungen. Er lachte. „Mann, es ist weg!"

Ob du es glaubst oder nicht, kam noch ein dritter Skater auf uns zu und hob sein Hosenbein an. „Kannst du das heilen?", fragte er.

„Ja", sagte ich ihm. „Gott wird dich heilen." Der dritte Mann hieß Elijah – was für ein toller Name! Elijah hatte eine kaputte

Kniescheibe. Ich betete für ihn und fragte ihn dann nach seinem Befinden.

„Ich weiß nicht", sagte er und schloss die Augen, während er sein Knie auf Schmerzen testete. „Es fühlt sich irgendwie friedlich an." „Sei ganz ehrlich", sagte ich ihm.

Elijah machte den ultimativen Test – er zeigte ein paar Tricks auf seinem Skateboard.

„Jetzt ist es gut", sagte er.

„Keine Schmerzen?"

„Kein Schmerz, aber viel fürs Herz", sagte er und fuhr los.

An diesem Tag betete ich noch für einige weitere ihrer Freunde. Das alles ist möglich, weil ich Gottes göttliche Natur in mir habe. Die Bibel sagt, dass du sie auch hast!

Die Bibel sagt auch, dass Gott in diesen letzten Tagen unser Herz aus Stein herausnehmen und uns ein neues Herz geben wird. In Hesekiel 11,19 sagt die Bibel: *„Und ich werde ihnen ein Herz geben und werde einen neuen Geist in ihr Inneres geben, und ich werde das steinerne Herz aus ihrem Fleisch entfernen und ihnen ein fleischernes Herz geben."*

Wir haben ein neues Herz – ein Herz nach dem Herzen Gottes. Es ist ein Herz, das die Dinge liebt, die Gott liebt, und die Dinge hasst, die Gott hasst. Wir müssen anfangen, die Realität anzunehmen, dass wir nach dem Ebenbild unseres himmlischen Vaters geschaffen sind. Alles andere hieße, Gott einen Lügner zu nennen.

Wozu du gemacht bist

Zwei Fragen, die Philosophen seit Tausenden von Jahren beschäftigen, sind diese: „Was ist der Sinn des Lebens?" und: „Was ist der Schlüssel zum wahren Glück?" Der Schlüssel zum Glück ist nicht in dieser Welt zu finden, da er nicht von dieser Welt ist. Der Schlüssel zum Glück liegt darin, dass wir so werden, wie Gott uns geschaffen hat, und dazu gehört, dass wir die Dinge tun, zu denen Gott uns berufen hat. Du wirst niemals Glück oder Erfüllung im Leben finden, solange du nicht die Dinge tust, für die du geschaffen wurdest.

Lass mich dir eine Analogie geben. Stell dir vor, du nimmst ein Rennpferd, spannst es vor einen Pflug und zwingst es, den Pflug zu ziehen. Das ist eine Menge Arbeit für es, da es nicht für diese Art von Arbeit gezüchtet wurde. Es ist zwar in der Lage, das zu tun, aber es ist eine sehr harte Arbeit und ein echter Kampf für das Rennpferd. Außerdem wird sich bald herausstellen, dass es die Arbeit nicht besonders mag – es wurde nicht gezüchtet, um einen Pflug zu ziehen, sondern um schnell zu laufen.

Stell dir nun vor, du nimmst ein Ackerpferd, bringst es auf eine Rennbahn und versuchst, dass es so schnell wie möglich läuft. Das wird eine Herausforderung für es sein, denn es wurde nicht gezüchtet, um schnell zu laufen, sondern um einen Pflug zu ziehen. Wenn du andererseits ein Rennpferd auf einer Rennbahn mit Hochgeschwindigkeit laufen lässt, weißt du, was du dann entdecken wirst?

Obwohl es schweißgebadet ist und eine Menge Energie verbraucht hat, macht es ihm Spaß, schnell zu rennen. Dieses Pferd liebt es zu rennen, denn dafür wurde es geschaffen. Es passt zu ihm und es kann es kaum erwarten, auf die Bahn zu gehen und schnell wie der Wind zu rennen.

Dieses Prinzip gilt auch für den neuen Menschen. Es gilt für die Söhne und Töchter Gottes. Der neue Mensch ist geschaffen, um wie Gott zu sein. Du wurdest geschaffen, um Gottes Plan in dieser Welt, um seinen Willen auszuführen. Nur wenn du das tust, wozu du geschaffen wurdest, wirst du wahre Erfüllung, Sinn und Glück finden.

Wenn du weiterhin das fleischliche Leben des alten Menschen lebst, ist es unmöglich, Frieden und Zufriedenheit zu finden. Man füllt keinen neuen Wein in alte Schläuche, sonst platzen sie. Wenn du versuchst, das Leben des alten Menschen durch die Realität der neuen Schöpfung zu leben, wirst du gegen deine neue Natur ankämpfen. Schmerz und Enttäuschung werden dein Lohn sein.

Viele von uns erinnern sich nur an ihre Vergangenheit. Wir erinnern uns an die Person, die wir waren, bevor wir gerettet wurden und denken: „Das alte Ich mag nur dies oder nur das." Aber wenn du diesen Dingen nachgehst, stellst du fest, dass sie dich nicht mehr befriedigen. Das liegt daran, dass sich dein Herz verändert hat – du wurdest neu verdrahtet. Die Dinge, nach denen du dich früher gesehnt hast, können dich jetzt nicht mehr befriedigen.

Jetzt, wo du eine neue Schöpfung geworden bist, sind Dinge, die du früher nicht einmal in Erwägung gezogen hättest, tatsächlich die Dinge, die dich begeistern. Welche Art von Dingen? Dinge, wie hinauszugehen und für Menschen zu beten, Zeugnis abzulegen, die guten Werke zu tun, die Christus vorgelebt hat und von denen er uns sagte, dass wir sie auch tun würden.

Die neuen Wege des neuen Menschen

Diese beängstigenden, fremden und seltsamen Tätigkeiten, von denen du sicher bist, dass Gott jemand anderen dazu berufen hat, werden dir tatsächlich ein erstaunliches Maß an Freude, Begeisterung und Leidenschaft für die Dinge Gottes bringen. Dein neues Ich ist für diese Dinge geschaffen, und wenn du dem Sinn des Fleisches widerstehst, der vom alten Menschen beherrscht wird, wirst du entdecken, dass du in den guten Werke, zu denen du berufen bist, aufblühen wirst.

Wenn du das tust, wozu du geschaffen wurdest, ist Erfüllung dein ständiger Begleiter. Vielleicht sagst du dir jetzt: „Ich glaube nicht, dass mich diese beängstigenden, radikalen und extremen Dinge wirklich glücklich machen werden." Genau das ist dein Problem. Du „denkst" schon wieder. Der neue Mensch wird vom Geist geleitet, nicht vom natürlichen, fleischlichen Verstand. Nur zu, versuch es doch mal! Du wirst nie wissen, ob das, was ich sage, wahr ist, bevor du es selbst ausprobiert hast.

Ich gehe immer wieder mit Leuten hinaus, die sagen: „Ich weiß nicht, ob ich auf Menschen zugehen kann. Ich weiß nicht, ob ich für Menschen beten kann." Ich möchte dir eine Geschichte erzählen, die diese Zweifel zerstreut.

Ich nehme jede Woche Leute mit, um sie für die Arbeit in der Öffentlichkeit auszubilden, aber an diesem Tag nahm ich einen Skeptiker mit. Oft gehe ich mit den „Auszubildenden" zu einem Busbahnhof in der Nähe, weil es dort so viele Menschen gibt, die nichts anderes zu tun haben als zu warten. Es ist leicht, mit den Müßiggängern ein Gespräch zu beginnen!

Ich vermute, dass es sich für meinen skeptischen Freund nicht besonders reizvoll anhörte, seinen Tag in einem Busbahnhof zu verbringen und für Menschen zu beten. Mann, lag er vielleicht daneben! Wir sprachen einen jungen Mann namens Brandon an und ich fragte ihn, ob er Schmerzen in seinem Körper habe. Er sagte: „Ja, ich habe immer Schmerzen."

Dann erzählte er uns seine Geschichte. Brandon war mit einem ungewöhnlichen Geburtsfehler geboren worden, dem Lendenwirbeldefekt. Er erklärte uns, dies bedeute, dass er einen zusätzlichen Wirbel in seiner Wirbelsäule habe, der große Schmerzen verursache. Er erzählte uns, er habe tatsächlich keinen einzigen Tag in seinem Leben ohne Schmerzen erlebt.

Ich sagte Brandon, dass wir für ihn beten würden und dass Gott ihn heilen und von allen Schmerzen befreien würde. Das klang natürlich unmöglich, aber er wusste, dass er nichts zu verlieren hatte. Ich wies meinen skeptischen Freund an, seine Hand auf Brandons Rücken zu legen und die Worte zu wiederholen, die ich ihm sagte.

Er gehorchte und tat genau das, was ich ihm auftrug, dann nahm er seine Hand weg. Dann bat ich Brandon, sich zu bewegen und nach dem Schmerz zu suchen. Brandon begann sich zu beugen und zu drehen und hatte einen verwirrten Gesichtsausdruck. Ich fragte: „Hast du Schmerzen"? Er sagte: „Nein!"

Dann fragte ich: „Ist es das erste Mal in deinem Leben, dass du keine Schmerzen hast?"

Er sagte: „Ja!"

Ich fragte ihn dann, ob er wüsste, warum das passiert sei, und er sagte, er wisse es nicht. Daraufhin sagte ich ihm, dass Gott ihn liebe und Teil seines Lebens sein wolle, und wir sprachen weiter über die Erlösung durch Jesus Christus.

Und mein skeptischer Freund? Er war nicht länger ein Skeptiker! Er begleitete mich nach seiner Begegnung mit Brandon sogar weiterhin auf vielen Fahrten zum Busbahnhof. Er hatte keine Ahnung gehabt, wie sehr er es genießen würde, die Wundertaten Christi zu tun, bis er es selbst ausprobierte.

Mein *ehemals* skeptischer Freund ist nicht der Einzige. Ich habe schon viele Zweifler oder zögerliche Menschen dazu gebracht, für andere zu beten. Ich höre nicht mehr auf ihre anfänglichen Proteste, weil ich das schon so oft erlebt habe. Mir ist klar, dass sie einfach nicht wissen, was sie nicht wissen, bevor sie rausgehen.

Nachdem sie rausgegangen sind und diese Dinge erlebt haben, wenden sie sich oft an mich und sagen etwas wie: „Wow! Ich habe die ganze Zeit nicht erkannt, was ich habe! Das macht Spaß. Das ist aufregend. Das ist erfüllend!" Und dann wird ihnen klar, wozu sie geschaffen worden sind.

Der neue Mensch ist dazu gemacht, die guten Werke Gottes zu tun, die Jesus seinen Aposteln vorgelebt hat. Der neue Mensch ist dazu geschaffen, anderen zu dienen. Er ist dazu geschaffen, sich den Verlorenen und Verletzten zuzuwenden und ihnen die Liebe des Vaters zu zeigen. Dafür ist der neue Mensch geschaffen. Auf diese Weise erreicht Jesus die Menschen heute – mit durchschnittlichen Gläubigen wie dich und mich. Wenn du anfängst, das zu tun, wozu du geschaffen bist, findest du Erfüllung und Glück. Pass auf, denn du könntest süchtig werden!

Wen soll ich heilen?

Ohne Mitgefühl ist es viel schwieriger zu erleben, dass jemand geheilt wird. Will ich damit sagen, dass du ein warmes Gefühl im Herzen für die Person haben musst, für die du betest? Nein.

Will ich damit sagen, dass du ein bestimmtes Gefühl für die Person, für die du betest, empfinden musst? Nein.

Ich meine damit, dass du zu Hause bleiben und nichts tun wirst, wenn du kein Mitgefühl für andere Menschen hast. Mitgefühl macht dir Beine!

Es ist eine große Ehre, jemanden in eine Beziehung zu Jesus zu führen. Unabhängig von allem anderen, was du im Dienst erreicht hast, ist es der ultimative Höhepunkt, jemanden mit dem Erlöser bekannt zu machen. Wenn du dir meine Videos auf YouTube ansiehst, wirst du feststellen, dass die Menschen, für die ich bete, von den Ergebnissen oft überrascht sind. Häufig sind sie sogar schockiert!

Ich liebe es, ihren überraschten Gesichtsausdruck zu sehen, denn er verrät mir, dass sie nicht damit gerechnet haben. Wenn sie nicht damit gerechnet haben, kann es nicht daran liegen, dass ihr Verstand einfach nur etwas glaubt. Das heißt, es kann keine Suggestion sein, die hier am Werk ist. Ich habe schon für Menschen gebetet, die sagten, dass sie nicht an Jesus oder Heilung glauben, und zu ihrem großen Erstaunen wurden sie trotzdem geheilt.

Manchmal werde ich gefragt: „Kannst du für jemanden beten, der sagt, dass er nicht glaubt?" Auf jeden Fall! Gott erweist sich mächtig, damit die Ungläubigen erkennen, wer er ist. Es gibt eine irrige Lehre, die seit Jahren im Umlauf ist. Sie besagt: „Wenn die Person, für die du betest, irgendwelche Zweifel hat, wird die Heilung nicht stattfinden.

Das ist schlichtweg falsch! Diese Lehre stammt von jenen, die sich selbst eine Ausrede zurechtgelegt haben für den Fall, dass es nicht klappt.

Sie beten zum Beispiel im Glauben, dass jemand geheilt wird, und wenn nichts passiert, sagen sie: „Das liegt daran, dass du nicht genug Glauben hattest!" Jesus hat das nie getan, also tue ich das auch nicht.

Ich habe für Atheisten gebetet, die mir widersprochen haben und sagten, dass nichts passieren würde, und trotzdem sind sie geheilt worden. Ich brauche ihren Glauben nicht, um mir zu helfen, denn mein Glaube allein ist genug. Es spielt keine Rolle, wer an eine Heilung glaubt, solange es mindestens einen gibt, der glaubt.

KAPITEL 8

Menschen fischen

Das Hauptaugenmerk dieses Buches liegt auf der Demonstration von Gottes Macht durch die drei Dinge, die Jesus seine Jünger gelehrt hat: das Reich Gottes verkünden, Kranke heilen und Dämonen austreiben. Aber um den Leuten den Einstieg zu erleichtern, habe ich mich in erster Linie auf Heilungen, Zeichen und Wunder konzentriert. Mit der gleichen Methode, wie man das Geplapper des fleischlichen Verstandes abschalten kann, ist es auch möglich, in prophetischen Worten und in Worten der Erkenntnis zu wirken.

Wenn du mit jemandem sprichst, der in diesen Gaben aktiv ist, wirst du feststellen, dass ein wichtiger Aspekt beim Aussprechen von Gottes persönlichen Botschaften an die Menschen darin besteht, einfach den Mund zu öffnen und zu sprechen, ohne jemals die Gedankenprozesse einzuschalten. Die Botschaften, die Gott gibt, werden nicht dadurch empfangen, dass man sich auf den natürlichen Verstand fokussiert und konzentriert, sondern dadurch, dass man die Funktion des natürlichen Verstandes aussetzt und allein den Geist wirken lässt. Das gilt auch für das Beten in Zungen – der natürliche Verstand wird nicht eingeschaltet.

Der Apostel Paulus sagte über das Beten in Zungen Folgendes: *„Denn wenn ich in Zungen bete, so betet mein Geist; aber mein Verstand bleibt ohne Frucht“* (1. Kor 14,14 LUT). Wenn eine Person in einer unbekannten Sprache betet, fließt ihre Rede zwar aus dem Mund, aber die Quelle der Worte ist nicht der natürliche Verstand. Sie kommen aus dem Geist.

Ein prophetisches Wort oder ein Wort der Erkenntnis des Herrn weiterzugeben, geschieht oft auf die gleiche Weise. Du fängst einfach an, deinen Mund zu bewegen und die Worte kommen heraus. Du weißt nicht einmal, was herauskommen wird, bis es herauskommt. Wenn das Wort über deine Lippen kommt, hörst du es zum ersten Mal, genau wie alle anderen Anwesenden.

Wenn ich jemandem ein Wort vom Geist weitergebe, sagt er vielleicht: „Wow, woher wusstest du das über mich?" Es strömt aus mir heraus, ohne dass ich es vorher bedenken muss, weil es direkt von Gottes Geist in meinen Geist und dann aus meinem Mund fließt.

Du bist ein Sohn bzw. eine Tochter Gottes und dir wurde seine Autorität gegeben. Er möchte, dass du sie zum Wohle des Reiches Gottes einsetzt. Aus diesem Grund haben deine gesprochenen Worte Macht. Die gesamte Schöpfung – die natürliche und die geistliche – ist deinen Worten, die du im Glauben sprichst, unterworfen.

Wenn du im Bereich Heilung dienst, geschieht manchmal etwas Seltsames, etwas, das wir ansprechen müssen. Es kann sein, dass du befiehlst, dass ein körperliches Gebrechen geheilt werden soll, und anstatt zu verschwinden, bewegt es sich woanders hin. Ich habe z. B. schon oft erlebt, dass bei Menschen, die ein Problem mit einem Knie hatten, durch Gebet der Schmerz dieses Knie verließ, sich aber dann im anderen Knie manifestierte. In solchen Fällen sind oft dämonische Geister im Spiel. Das ist kein Grund zur Beunruhigung, da Dämonen deinen Befehlen genauso unterworfen sind wie Krankheiten und Gebrechen.

Wenn du spürst, dass ein dämonischer Geist im Spiel ist, befiehl ihm in Jesu Namen zu gehen. Manchmal versuchen sie, sich zu widersetzen. In solchen Fällen spreche ich etwas fester, als würde ich einem ungehorsamen Hund ein Kommando geben. In diesen Situationen hast du das Sagen und der Geist muss dir gehorchen. Hab keine Angst vor Dämonen, sonst werden sie erkennen, dass du wirklich nicht weißt, wer du bist und dir nicht bewusst ist, welche Autorität du hast. Wenn du hingegen weißt, wer du bist, und du einen Raum voller Hexen und Okkultisten betrittst, bist du selbst die furchterregendste Person im Raum.

Eine Verantwortung und eine Ehre

Jedes Mal, wenn ich rausgehe, erlebe ich, dass Menschen geheilt werden. Wenn ich nicht rausgehe, erlebe ich nicht nur kein Wunder, sondern jemand, der ein lebensveränderndes Wunder hätte empfangen können, muss weiter leiden. Ich habe mir einen Tag in der Woche vorgenommen, an dem ich allein oder mit einer Gruppe rausgehe und in der Öffentlichkeit diene, egal ob mir danach ist oder nicht.

Wenn du wartest, bis dir danach ist, dann wird der Feind alles in seiner Macht Stehende tun, um es dir schwer zu machen, dich jemals danach zu fühlen. Das ist wie das Training eines geistlichen Muskels. Wenn du ihn regelmäßig und treu trainierst, wirst du immer stärker werden.

Jeder Tag, an dem ich mich entschließe, einfach nichts zu tun, an dem ich keine Lust habe, hinauszugehen, ist ein Tag, an dem jemand im Elend oder verloren bleibt. Ich sage das nicht, damit du dich schuldig fühlst, sondern ganz im Gegenteil. Die Tatsache, dass du die Macht hast, Leben für jetzt und die Ewigkeit zu verändern, sollte dich begeistern.

Du trägst die Antwort auf die Nöte aller verlorenen Menschen in dir. Du kannst denen, die gebunden sind, Befreiung bringen. Du kannst Hoffnung für die Hoffnungslosen bringen. Du hast die Antwort, nach der jemand da draußen sucht.

Im wahrsten Sinne des Wortes bist du der „Superheld", der die Welt des Unmöglichen Wirklichkeit werden lässt. Das Leben, der Tod und die Auferstehung Jesu haben unsere Welt für immer verändert. Jetzt sendet er dich und mich. Wir bringen die lebensverändernden Worte und wir bringen die lebensverändernde Kraft zu den Menschen in Not.

Es gibt keine größere Ehre, als ein Werkzeug in Gottes Händen zu sein, um Menschen zum Erlöser zu führen und sie ins ewige Leben zu bringen.

Ja, das ist eine große Verantwortung. Aber welch eine Ehre!

So fühlt es sich an, wenn du aus deiner Komfortzone heraustrittst und dich auf das Wunder der Macht Gottes einlässt.

Was könnte spannender sein? Was könnte wichtiger sein?

Gute Werke im Namen Gottes zu tun, ist eines der wichtigsten Dinge, zu denen wir alle berufen sind.

Da draußen sind gerade Menschen, die verletzt und verloren sind, und du hältst den Schlüssel zu ihrem neuen Leben in deinen Händen. Wenn Jesus uns dazu beruft, warum sollten wir es dann nicht tun?

Geh dahin, wo die Fische sind

Wenn ich Leute zu einer Schulung für den Dienst in der Öffentlichkeit mitnehme, sage ich ihnen, dass wir „fischen" gehen.

Jesus sah einige Männer am See Genezareth, die ihre Netze flickten, und rief ihnen zu: „Kommt, folgt mir nach!"

Was glaubst du, was sie dachten, was er mit ihnen machen würde? Wollte er ihnen sagen, dass er sie zu erfolgreichen Geschäftsleuten machen würde, wenn sie ihm folgten?

Dass er sie reich machen würde?

Dass er sie mächtig wie einen König oder Statthalter machen würde?

Dass er sie zu Gelehrten machen würde?

Nein, Jesus sagte ihnen genau, was er mit ihnen vorhatte, und zwar Folgendes:

> *Kommt, folgt mir nach! Ich will euch zu Menschenfischern machen* (Mt 4,19 LUT).

Dies ist die größte Berufung eines jeden Menschen – das größte gute Werk.

Wie schon gesagt, sage ich den Leuten, die ich ausbilde: „Ich nehme dich zum Fischen mit."

Ich weiß, wo die beste Angelstelle ist, und ich weiß, wie man Fische fängt. Ich kann ihnen also versprechen, dass wir Fische *finden* werden, aber wir haben keine Ahnung, was wir mit unserem Netz fangen werden. Ich kann ihnen nicht sagen, wie viele oder welche Art von Fischen wir fangen werden, oder ob wir überhaupt einen Fisch fangen werden. Aber eines kann ich ihnen versprechen: Wenn sie nie dorthin gehen, wo die Fische sind, und ihr Netz auswerfen, *werden* sie *definitiv keine* Fische fangen.

Dir sage ich das Gleiche.

Für den Vater ist es nicht wichtig, wie viele Fische du an einem bestimmten Tag fängst, sondern dass du treu bist und rausgehst, um zu fischen.

Die Idee, mehrere Meilen ins Landesinnere zu fahren, eine Reuse auf dem Trockenen aufzustellen und darauf zu warten, dass ein Fisch in die Reuse geht, ist nicht die beste Art zu fischen. Aber das ist es, was die meisten Menschen im Christentum tun. Sie bauen eine schöne Kirche, stellen eine attraktive Fischfalle auf und warten darauf, dass ein paar ahnungslose Fische hineingeraten und gefangen werden.

Wenn du Fische fangen willst, musst du dorthin gehen, wo die Fische sind. Normalerweise sind sie nicht in der Kirche, also musst du sie dort finden, wo sie leben.

„Marktplatzarbeit" ist der Name, den wir benutzen, wenn wir auf die Verlorenen zugehen und in der Öffentlichkeit für ihre körperlichen, emotionalen und psychologischen Nöte beten. Das ist das gleiche Modell, das die Apostel und Jünger Jesu seit der Urgemeinde vorlebten. Sie taten, was Jesus tat, weil es funktionierte.

Es ist Zeit, dort weiterzumachen, wo sie aufgehört haben. Es ist jetzt Zeit für Jesu Gemeinde – nicht nur für die Fernsehprediger, sondern auch für den durchschnittlichen Christen wie dich und mich – aus der Kirchenbank herauszukommen und auf dem „Feld" zu arbeiten. Denn die Ernte ist reif und bereit, eingebracht zu werden.

Gute Werke in Aktion

Oft werde ich gefragt: „Was machst du, bevor du rausgehst, um Menschen zu dienen?" Meine Antwort ist immer dieselbe: Ich beginne meinen Tag mit Gebet.

Das Gebet ist der Weg, um die Gedanken des Vaters zu erfahren. Es ist auch die Art und Weise, wie wir ihn einladen, bei allem dabei zu sein, was wir für sein Reich tun wollen. Gebet ist die Grundlage für jedes wirksame geistliche Vorhaben, das wir in Angriff nehmen. Ohne Gebet keine Kraft, keine Führung.

In 2. Timotheus 4,2 sagt die Bibel: *„Predige das Wort, stehe bereit zu gelegener und ungelegener Zeit; überführe, weise zurecht, ermahne mit aller Langmut und Lehre!"*

Wir müssen bereit sein, jederzeit zu dienen, wenn sich die Gelegenheit ergibt. Ich bin zu jeder Tageszeit bereit, Menschen zu dienen. Aber wenn ich bewusst rausgehe, um Menschen zu dienen, bete ich gerne zuerst.

Ich lese auch gerne etwas in der Bibel. Gottes Wort inspiriert mich bei dem, was ich vorhabe. Sein Wort mit dem Gebet zu verbinden, ist eine starke Kombination.

Dann beschließe ich in meinem Herzen, dass ich hinausgehen und alles tun werde, was Gott und sein Heiliger Geist mir auftragen. Ich weiß, dass jeder, den Gott mir vor die Nase setzt, Freiwild ist. In diesem Modus bin ich bereit und willens, für jeden, zu jeder Zeit und an jedem Ort zu beten.

Die zweite Frage, die mir gestellt wird, lautet: „Wie gehst du auf Menschen zu?" Als Erstes denke ich daran, dass ich ein Fremder bin, wenn ich auf sie zugehe. Das kann Menschen unangenehm sein und sie misstrauisch machen. Deshalb stelle ich mich normalerweise mit meinem Namen vor. Das hilft, die Leute zu beruhigen.

Dann frage ich: „Kann ich für Sie beten? Haben Sie irgendwelche Schmerzen in Ihrem Körper?" Für Menschen, die so etwas noch nie erlebt haben, ist das irgendwie seltsam.

Wenn du auf die Person zugehst, für die du beten möchtest, lächelst du sie freundlich an. Achte darauf, dass dein Lächeln nicht ängstlich oder gezwungen wirkt. Auch das kann abschreckend wirken.

Mit einem halbwegs gesunden Lächeln im Gesicht stellst du den Leuten einfach eine Frage mit der gleichen Leichtigkeit, mit der du sie nach der Uhrzeit fragen würdest. Nur dass du dieses Mal sagst: „Entschuldigung, hallo. Mein Name ist ______. Wir sind heute hier draußen und beten für Menschen und Gott heilt sie. Haben Sie irgendwelche Schmerzen in Ihrem Körper?"

Es gibt nur drei Antworten, mit denen du normalerweise umgehen musst: „Ja", „Nein" oder „Ich bin nicht interessiert".

Wenn die Antwort „Ja" lautet, gehen wir durch die offene Tür und sammeln weitere Informationen, damit wir auf die speziellen Bedürfnisse eingehen können.

Ist die Antwort „Nein", heißt das nicht, dass sie kein Gebet wollen. Es könnte bedeuten, dass sie keine Schmerzen haben.

Ist die Antwort so etwas wie: „Ich bin nicht interessiert", sage einfach: „Gott segne Sie" und gehe weiter. Versuche eine geschlossene Tür nicht mit Gewalt zu öffnen. Sie sind nicht bereit.

Fische finden

Wenn du in einem Laden einkaufst, kannst du dir angewöhnen, die Dinge um dich herum aufmerksam zu beobachten. Wenn du die Menschen um dich herum wahrnimmst, bist du immer darauf gefasst, dass der Heilige Geist dich auf jemanden aufmerksam macht, auf den du zugehen und dem du dienen sollst. Manchmal ist die größte Fähigkeit, die dich zu einem erstklassigen Kandidaten für Gottes Dienst macht, deine *Verfügbarkeit*.

Solange das nicht zur Normalität geworden ist, mag es schwierig erscheinen, das Eis zu brechen und die erste Person anzusprechen. Es ist ein bisschen so, wie wenn man in ein kaltes Wasserbecken steigt. Zuerst steckst du deinen Zeh hinein und sagst: „O nein, das ist wirklich kalt. Ich weiß nicht, ob ich das wirklich machen will!" Wenn du stattdessen einfach hineinspringst, wirst du feststellen, dass du dich sofort akklimatisierst.

Ich gehe auf jede Person zu – egal, wie sie aussieht. Vielleicht macht sie den Eindruck, als würde sie dich sofort zurückweisen, aber lass dich nicht vom äußeren Erscheinungsbild leiten. Sie könnte auch hart, dunkel und unnahbar wirken. Manchmal schätzen wir die Menschen gedanklich einfach falsch ein.

Wenn es darum geht, auf Menschen zuzugehen, ist es absolut wahr, dass man ein Buch nicht nach seinem Einband beurteilen kann. Oft sind die Menschen, von denen ich dachte, dass sie mich abweisen würden, genau diejenigen, die sagen: „Ja! Bitte bete für mich!" Und manchmal sind die Menschen, die sehr freundlich, offen und einladend wirken, genau diejenigen, die sagen: „Nein! Ich will nichts damit zu tun haben!"

Geh einfach mit einem freundlichen Lächeln auf jemanden zu und sage: „Entschuldigung, mein Name ist ___________. Ich bete für Menschen und Gott heilt sie. Darf ich für Sie beten? Haben Sie irgendwelche körperlichen Schmerzen?"

Manchmal sagen sie: „Ich habe keine körperlichen Schmerzen."

Du fährst fort und fragst: „Gibt es noch etwas anderes in Ihrem Leben, wofür ich beten kann?"

Manchmal sagen sie: „Ich habe familiäre Probleme" oder „Ich habe berufliche Probleme" oder „Ich habe finanzielle Probleme". Was auch immer sie erwähnen, bete dafür. Geh mit ihnen so weit, wie sie es dir erlauben.

Ich kann zu ihnen auch sagen: „Ich glaube nicht, dass es ein Zufall ist, dass sich unsere Wege gekreuzt haben und wir uns heute treffen. Ich glaube, dass Gott diesen Moment arrangiert hat. Darf ich also für Sie beten?" Wenn sie ja sagen und mir erlauben, für sie zu beten, sage ich normalerweise: „Ich werde für Sie beten und Sie müssen nichts weiter tun, als sich zu entspannen und zu empfangen."

Ich habe die Erfahrung gemacht, dass es oft hinderlich ist, wenn sie mit mir beten, weil sie vielleicht nicht mit demselben Verständnis oder demselben Maß an Glauben beten. Wenn ich versuche, etwas in sie hineinzugeben, und sie gleichzeitig etwas von sich geben, kann das manchmal erschweren, dass sie etwas empfangen.

Das war der Fall bei einem jungen Mann namens Oliver, den ich in einem Einkaufszentrum traf. Wenn Oliver seinen Nacken oder Rücken bewegte, verspürte er einen stechenden Schmerz auf einer Stufe von etwa vier von fünf. Bei ihm wollte ich es ein bisschen anders machen.

Anstatt laut für Oliver zu beten, überreichte ich ihm eine Karte, an die ich die Vollmacht zum Heilen delegiert hatte. Das ist in Ordnung – denn wenn Jesus an mich delegieren kann, kann ich auch an andere delegieren. Sogar an Karten!

„Das ist interessant", sagte Oliver, nachdem er die Karte einen Moment lang gehalten hatte. Er drehte und wendete sich in seinem Sitz. „Ich strenge mich mehr an, um Schmerzen zu spüren."

Oliver schien nicht ganz zu begreifen, dass er geheilt worden war! Aber er war geheilt worden und musste sich nur entspannen und die Heilung annehmen.

Für den Fall, dass sich das mit der Übertragung von Heilungsvollmacht auf einen Gegenstand für dich seltsam anhört, möchte ich dir diese Bibelstelle aus der Apostelgeschichte ans Herz legen: *„Und ungewöhnliche Wunderwerke tat Gott durch die Hände des Paulus, sodass man sogar Schweißtücher oder Schurze von seinem Leib weg auf die Kranken legte und die Krankheiten von ihnen wichen und die bösen Geister ausfuhren"* (Apg 19,11-12). Das mag seltsam sein, aber es ist zu 100 % biblisch!

Du musst diese Dinge nicht unbedingt genauso machen wie ich. Die einzelnen Abläufe, die ich in diesem Buch beschreibe, sind nur das, was ich für mich als erfolgreich empfunden habe. Am Anfang ist es am besten, offen für verschiedene Wege, Methoden und Abläufe zu sein, die Gott zur Heilung von Menschen einsetzen möchte. Mit der Zeit wirst du lernen, was für dich funktioniert, und du wirst einen ganz eigenen Ansatz haben. Es ist wichtig, dass du deinen Ansatz auf deine eigene Persönlichkeit abstimmst. Wenn er zu sehr abgekupfert oder einstudiert ist, wirkst du nicht echt.

Fertig, los, Action!

Menschen aus der ganzen Welt haben Gottes Heilungskraft und Erlösung entdeckt, ohne jemals ihr Haus zu verlassen, indem sie sich Videos von Heilungen angesehen haben. Wenn du deine Begegnungen aufzeichnen möchtest, habe ich eine ziemlich erfolgreiche Methode gefunden, um Menschen dazu zu bringen, mir zu erlauben, zu filmen.

Ich gehe nicht mit einer Kamera im Gesicht auf sie zu. Das ist sehr abschreckend. Ich sage nicht: „Darf ich das filmen?", weil sie nicht wissen, was du damit vorhast und Angst haben könnten, dass du etwas tust, was ihnen peinlich ist.

Stattdessen sage ich: „Ich bringe Menschen bei, wie sie für andere beten können. Hätten Sie etwas dagegen, wenn ich das aufnehme?" Meistens geben sie mir dann die Erlaubnis, die Begegnung aufzunehmen, weil sie sehen, dass ich etwas tue, um andere zu unterrichten. Das scheint mir ein viel würdigerer Grund zu sein, als einfach etwas auf YouTube zu stellen, damit dein Kanal mehr Aufrufe bekommt.

Fast alle meine Videos habe ich mit einer Action-Kamera aufgenommen, weil sie kompakt ist, nicht einschüchternd wirkt und ein hochwertiges Bild liefert. Ein Stativ benutze ich nicht. Ich bin ziemlich gut darin geworden, sie mit der Hand zu halten.

Ich habe keine Zoomsteuerung und auch keinen Sucher. Ich halte sie einfach hin und schalte sie ein. Das ist alles, was ich tue, denn je weniger ich mich mit Einstellungen herumschlagen muss, desto wohler fühlt sich die Person. Ich finde es gut, die Dinge so einfach wie möglich zu machen.

Während ich die Kamera in einer Hand halte, lege ich meine andere Hand auf die Person. Handelt es sich dabei um eine Frau, bitte ich sie um Erlaubnis, meine Hand auf sie zu legen. Dann lege ich meine Hand in die Nähe der Stelle, die schmerzt oder gebrechlich ist. Befindet sich der Schmerz an einer empfindlicheren Stelle ihres Körpers, lasse ich die Frau ihre Hand auf das Problem legen und berühre dann ihre Hand mit meiner.

Bevor ich für die Person bete, bitte ich sie, ihren Schmerzpegel auf einer Skala von eins bis zehn einzuschätzen. Dann sage ich ihr, dass sie sich entspannen und mein Gebet empfangen soll. Wenn sie sich entspannt, ist sie empfänglicher für deine Gebete. Wenn sie Christ ist, sage ich ihr: „Bitte bete nicht, lass einfach mich beten." Du willst verhindern, dass etwas deinem Gebet dazwischenfunkt.

Nehmen wir an, die Person hat zum Beispiel ein kaputtes rechtes Knie. Ich sage dann: „Ich spreche zu diesem rechten Knie. Knie, ich befehle dir, dass du jetzt in Jesu Namen heil wirst! Muskeln, Sehnen, Bänder und Nerven seid jetzt geheilt!"

„Jetzt" ist das Wort, das ich sage, kurz bevor ich meinen Verstand zum Schweigen bringe und nichts mehr denke. „Jetzt" ist wie das Abdrücken des Abzugs, und der Moment, der folgt, ist das stille Beobachten, um zu sehen, wann die Kugel das Ziel trifft. „Jetzt" ist ein Wort, das dem Gebrechen sagt, dass es nicht einfach „irgendwann" in der Zukunft verschwinden soll. „Jetzt" ist ein Befehl, der dem Gebrechen sagt, *wann* es gehen muss.

Wenn du einem säumigen Mieter kündigen würdest, würdest du ihm nicht sagen, dass er seine Sachen packen und gehen soll. Vielmehr würdest du ihm eine schriftliche Benachrichtigung zukommen lassen, in der du ein Datum festlegst, an dem er weg sein muss. Du hast die Macht. Nutze sie in vollem Umfang und sei konkret. Ich spreche den Schmerz oft separat an, nachdem ich die Heilung befohlen habe.

Körperliche Heilung versus Schmerzheilung

Eine körperliche Heilung und eine Schmerzheilung sind zwei verschiedene Heilungen.

Manchmal ist es kein Schmerzproblem, sondern ein funktionelles Problem. Vielleicht hat die Person keine Schmerzen, aber sie ist blind, taub, gelähmt, kann einfach ihren Arm nicht auf eine bestimmte Höhe heben oder ihr Bein nicht auf eine bestimmte Weise bewegen. In diesen Fällen musst du sie das Problem überprüfen lassen, bevor du betest. Bitte sie nach dem Gebet, das Problem erneut zu prüfen, um zu sehen, ob es besser geworden ist. In Fällen, in denen ein medizinischer Test erforderlich ist, bitte ich sie, sich nach dem nächsten Arzttermin oder Test bei mir zu melden.

Nehmen wir zum Beispiel Angela.

Jeden ersten Sonntagabend im Monat halten wir in unserer Gemeinde Heilungsgottesdienste ab. Aus der ganzen Welt kommen Menschen zu uns, damit wir für sie beten. Ich habe unsere Gemeinde gelehrt, dass jeder Gläubige beten und Wunder erleben kann, und in diesem Fall waren vielleicht 20 Leute mit mir vorne und beteten für die Nöte der Menschen, die gekommen waren.

Die nächste Person in der Schlange kam zu mir und sagte mir, ihr Name sei Angela. Angela war etwa 35 Jahre alt und neben ihr stand ihre Tochter, die etwa 16 Jahre alt war. Sie sahen beide sehr gesund aus, also fragte ich sie, wofür sie Gebet brauchten.

Angela erzählte mir, bei ihr sei Brustkrebs diagnostiziert worden und sie habe zwei Tumore, einen in der Brust und einen am Unterarm. Ich betete dafür, dass der Krebs verschwindet und sie vollständig geheilt wird.

Wir sahen uns den Tumor auf ihrem Unterarm an. Er hatte begonnen, sich abzuflachen. Weder Angela noch ihre Tochter konnten es glauben.

Ich sagte Angela dann, sie solle zu ihrem Arzt gehen und sich von ihm auf Tumore untersuchen lassen. Kurze Zeit später kam Angela in mein Büro und erzählte mir, der Arzt habe keinen Krebs in ihrem Körper finden können. Ihre Ergebnisse waren sogar so verwirrend, dass er sie für detailliertere und genauere Tests überwiesen hatte. Ich sagte Angela, dass ich, wenn alles vorbei sei, darüber Bescheid wissen wolle und dass ich auch eine medizinische Dokumentation der Ergebnisse haben wolle.

Einige Wochen später kam Angela mit den Unterlagen in der Hand zurück in mein Büro. Die Beule an ihrem Unterarm war völlig abgeflacht.

Das Video zu diesem Zeugnis findest du auf meiner YouTube-Seite unter dem Video mit dem Titel: *Breast Cancer Tumor Vanishes in Jesus Name! – Tom Loud* (Brustkrebstumor verschwindet in Jesu Namen!)

Wenn es um Schmerzen geht, fragst du zuerst nach dem Grad der Schmerzen. Dann sagst du: „Hervorragend, wir werden ihn auf Null reduzieren." Das klingt ziemlich kühn, aber es ist ein Schritt des Glaubens. Ich habe die Erfahrung gemacht, dass der Herr, wenn ich es so sage, meine glaubensvollen Worte mit besseren Ergebnissen unterstützt, als wenn ich es nicht sage.

Zum Beispiel Derek, den ich einem Parkhaus traf. Derek hatte als Folge seines Diabetes eine schwere Neuropathie auf der rechten Seite. Falls du es noch nicht weißt: Diabetische Neuropathie[1] kann sehr ernst und schwächend sein – so war es auch in Dereks Fall. Als ich Derek nach seinem Schmerzlevel fragte, sagte er, es

---

[1] Ist der Blutzuckerspiegel dauerhaft erhöht, kann sich eine diabetische Neuropathie entwickeln. Durch Schäden an den Nerven, vor allem in den Füßen, kommt es zu Schmerzen oder einer gestörten Reizempfindung. Ein gut eingestellter Blutzucker beugt solchen Beschwerden vor (https://gesund.bund.de/diabetische-neuropathie; 6.9.2023).

sei eine Zwölf. Anstatt es selbst zu tun, bat ich Matt, einen meiner „Auszubildenden", für ihn zu beten.

Matt betete und war dann einen Moment still. Ich bat Derek, seine Schmerzen zu überprüfen. Er schaute verblüfft und tastete an seinem Bein herum. Seine Reaktion war eine der aufrichtigsten, die ich je erlebt habe. Er konnte keinen Satz formulieren – er tastete nur mit offenem Mund sein rechtes Bein ab.

Ich fragte ihn, wie lange er die Schmerzen schon hatte.

„Acht Jahre."

Als Derek merkte, dass er wirklich geheilt war, stiegen ihm die Tränen in die Augen. Er konnte nicht glauben, dass er endlich geheilt worden war.

Hier geht es nicht um ein formuliertes Gebet. Es geht darum, mit deinem Vater zu leben und zu wissen, dass er dich ermächtigt hat, seine Autorität zu nutzen, und dass er hinter dir steht, egal wie du es sagst oder was du tust.

Manchmal bete ich im Stillen für die Person, und manchmal sage ich Worte. Du wirst verschiedene Dinge ausprobieren und herausfinden müssen, was für dich am besten funktioniert. Du musst auch sensibel für die Führung des Heiligen Geistes sein, denn manchmal wird Gott dich in einer bestimmten Situation auf eine bestimmte Weise leiten.

Gott wird dich ehren, weil du das Werk des Vaters tust. Wenn du anfängst, im Glauben deine Komfortzone zu verlassen, dann erwarte, dass dein Vater mit dir geht. Glaube daran, dass er für dich da ist und dass er hinter dir steht. Und das wird er auch.

Du kannst das!

Vielleicht klingt dieser Vorschlag für dich ein bisschen zu unkonventionell. Vielleicht ist es etwas, das du noch nie gemacht hast und von dem du nicht einmal sicher bist, dass du es tun kannst. Ja, das sind Gedanken, die du vielleicht hast, aber Gedanken sind nur Gedanken. Sie haben keine Substanz und sind nicht unbedingt wahr.

Ich möchte, dass du Folgendes weißt: Je öfter du rausgehst und es einfach tust, desto mutiger wirst du werden. Und was tatsächlich passiert, ist, dass du es nach einer Weile begeistert tust, denn dafür hat Gott dich geschaffen – für seinen Dienst.

Ich habe einen Freund, der Fallschirmjäger bei der Armee war. Manchmal treten Menschen in die Armee ein, weil sie denken, dass sie dort eine bestimmte Sache machen werden, aber die Armee hat dann andere Vorstellungen. Du meldest dich vielleicht und denkst, dass du Informatik lernst, aber sie entscheiden, dass du Fallschirmjäger werden sollst. Du könntest protestieren und ihnen sagen, dass du Höhenangst hast, aber sie werden sagen: „Das ist aber schade, denn du wirst springen!"

Als Nächstes sitzt du in einem Unterrichtsraum und lernst etwas über die Schwerkraft und was du tun musst, sobald du das Flugzeug verlässt. Das könnte dein schlimmster Albtraum sein, aber dein Ausbilder interessiert sich nicht für deine persönlichen Probleme. Nach dem Klassenzimmer kommt die körperliche Ausbildung. Du sollst auf verschieden hohe Türme klettern, wirst verbunden mit einer Seilrutsche und dann heißt es: „Spring!" Nach einer Weile kommt der Tag, an dem du aus einem Flugzeug springen sollst – trotz deines Flehens und deiner Argumente.

Du sagst: „Nein! Ich kann das nicht!"

Der Ausbilder sagt: „Entweder du tust es, oder du landest im Bundesgefängnis!"

Du ziehst dich also an und steigst in das Flugzeug, aber du hast Todesangst. Dann kommt der Moment, in dem du in einer Reihe von Männern stehst, die springen wollen. Ehe du dich versiehst, bist du an der Reihe.

Der Sprungmeister sagt zu dir: „Spring!"

Du sagst: „Ich kann nicht. Ich habe Angst!"

Weißt du, was dann passiert? Sie stoßen dich hinaus. Wenn du mitfliegst, gehst du auch raus.

Irgendwie überlebst du. Du sagst dir: „Gott sei Dank ist das vorbei. Ich werde das nie wieder tun!"

Das Nächste, was du weißt, ist, dass du wieder in dem Flugzeug sitzt. Bei den ersten 10 Sprüngen macht es ihnen Spaß, dich rauszuschieben. Aber irgendwann beschließt du, dass du ihre Hilfe nicht willst, und springst einfach.

Nach etwa 20 Sprüngen hast du dich damit abgefunden, dass du Befehle befolgen musst, auch wenn es dich umbringt. Aber dann kommt Sprung Nummer 50, und dieses Mal zuckst du nicht mit der Wimper, wenn der Trainer sagt: „Spring". Du springst einfach. Plötzlich merkst du, dass du darüber hinweg bist.

Du hast keine Angst mehr. Springen ist keine große Sache mehr. Je öfter du etwas tust, wovor du Angst hast, desto weniger Angst wirst du haben. Vielleicht stellst du sogar fest, dass du, nachdem die Angst weg ist, sogar Freude an der Sache entwickelst, die du früher gefürchtet hast.

Also, ob du bereit bist oder nicht, lass uns loslegen!

Mach einen Plan, rauszugehen. Verabrede dich allein oder mit einem Partner und halte diese Verabredung ein. Gehe mit Gebet und Entschlossenheit in ein Einkaufszentrum oder in einen Park und gehe höflich auf die Person(en) zu, die Gott dir in den Weg stellt. Du sagst vielleicht: „Aber was ist, wenn ich versage?"

Nun, dazu habe ich zwei Dinge zu sagen. Erstens: „Du kannst nicht versagen, weil du Gottes Wort gehorchst und Gottes Werk tust, wenn du hinausgehst und dich für das Reich Gottes einsetzt. Gehorsam wird niemals als Versagen gewertet." Versagen wäre es, wenn du nicht hingehst.

Die zweite Frage lautet: „Was ist, wenn du erfolgreich bist?" Nun, das wäre sowohl für dich als auch für die Person, für die du betest, lebensverändernd. Wir stellen den Kontakt her. Das ist unser Teil, und dann vollbringt der Herr das Wunder. Das ist sein Teil. Tu einfach deinen Teil und überlasse den Rest Jesus!

Abschließend sei gesagt, dass ich niemals ein Baby im Wald der Gnade der Wölfe überlassen würde. Deshalb gebe ich den Menschen, denen ich helfe, immer Kontaktinformationen. Wenn du ihnen hilfst, gib ihnen eine Karte deiner Gemeinde oder deine persönliche Nummer, damit sie Unterstützung bekommen und wissen, dass immer jemand für sie da ist, an den sie sich wenden können, wenn sie Hilfe oder Orientierung brauchen.

Gehe!

Jesus sagte zu den Zwölf: „Kommt!" Das war sein erster Befehl an sie. Aber nachdem er sie ausgebildet hatte und kurz bevor er in den Himmel entrückt wurde, um zur Rechten Gottes zu sitzen, gab er ihnen einen weiteren Befehl: „Geht!"

> *Dann sagte er zu ihnen: Geht hinaus in die ganze Welt und verkündet das Evangelium der ganzen Schöpfung! Wer glaubt und sich taufen lässt, wird gerettet; wer aber nicht glaubt, wird verurteilt werden. Und durch die, die zum Glauben gekommen sind, werden folgende Zeichen geschehen: In meinem Namen werden sie Dämonen austreiben; sie werden in neuen Sprachen reden; wenn sie Schlangen anfassen oder tödliches Gift trinken, wird es ihnen nicht schaden; und die Kranken, denen sie die Hände auflegen, werden gesund werden.*
> *Nachdem Jesus, der Herr, dies zu ihnen gesagt hatte, wurde er in den Himmel aufgenommen und setzte sich zur Rechten Gottes. Sie aber zogen aus und verkündeten überall. Der Herr stand ihnen bei und bekräftigte das Wort durch die Zeichen, die es begleiteten.* (Mk 16,19-20 REÜ).

Als du dieses Buch aufgeschlagen hast, hattest du bereits alle Schlüssel, die du brauchst, um im Übernatürlichen zu wirken.

Du hast den Schlüssel deiner Identität als Kind Gottes. Du hast den Schlüssel der Autorität Christi aufgrund seines Tods und seiner Auferstehung. Du hast den Schlüssel der geistlichen Gesinnung durch Gottes Heiligen Geist. Du hast den Schlüssel der Überwindung der fleischlichen Gesinnung, indem du ihr befiehlst zu schweigen. Und schließlich hast du den Schlüssel der Berufung, denn du weißt, dass Jesus dich nicht nur gebeten hat, sein Reich zu verkünden, sondern dass er es befohlen hat.

Du hast das „Komm" beantwortet, indem du dich entschieden hast, Christus zu folgen.

Jetzt musst du nur noch „gehen"!

Danksagungen

Mein besonderer Dank gilt meinem Freund Pete Cabrera Jr. für all seine Weisheit, Inspiration und Ermutigung sowie Michael Chen, der dieses Buch erst möglich gemacht hat.

Ich möchte auch all meinen Freunden und meiner Familie bei der *Shoreline Full Gospel Fellowship* und der *Royal Family International University* danken. Ich danke euch allen und möge Gott euch reichlich segnen!

Über den Autor

Tom Loud ist der leitende Pastor der *Shoreline Full Gospel Fellowship,* die sich im Großraum Seattle befindet. Er ist seit mehr als 40 Jahren in der Gemeindearbeit tätig. Seit 2014 lehrt er auf der ganzen Welt über den Dienst in der Öffentlichkeit und leitet entsprechende Einsätze. Dabei überschreitet er viele konfessionelle Grenzen. Nachdem ihm der Heilige Geist 2014 eine Offenbarung gegeben hatte, hat Tom Tausende von Heilungswundern erlebt und viele andere auf der ganzen Welt gelehrt, wie sie durch ihre Gebete und Einsätze erleben können, dass Gott Menschen auf übernatürliche Weise heilt.

Toms YouTube-Kanal wird millionenfach aufgerufen, weil er Gottes wunderbare Macht demonstriert, Menschen zu retten, zu heilen und zu befreien. Auf seinem YouTube-Kanal gibt es jede Menge Lehr- und Schulungsmaterial, das frei verfügbar ist. Tom unterrichtet und schult auch jeden persönlich, der sich an dieser Art von Einsätzen beteiligen möchte, und das kostenlos.

Wenn du Tom als Redner in deiner Gemeinde haben möchtest, kontaktiere bitte: office@shorelinefullgospel.org

Tom kann auch persönlich unter PastorTomLoud@gmail.com erreicht werden.

Weitere Produkte von GloryWorld-Medien

„Himmlische Bücher für die Erde"

Dr. Henry Wright

Die geistlichen Ursachen von Krankheiten

Klare Antworten auf Ihre Fragen zu Krankheitsprävention und Heilung, 208 Seiten, Pb.

Gemäß den langjährigen Erfahrungen des Autors haben etwa 80 Prozent aller Krankheiten eine geistliche Ursache und sind die direkte Folge einer gestörten Beziehung zu Gott, zu uns selbst oder zu anderen. Gott offenbarte ihm aus seinem Wort, was die geistlichen Ursachen von Krankheiten und den Blockaden zur Heilung sind.

Er geht insbesondere auf folgende Krankheitsarten ein: Allergien, Autoimmunerkrankungen, psychische Störungen, Herz-Kreislauf-Erkrankungen und Belastungsstörungen (z. B. Stresskrankheiten).

Erica Willis, Kühn glauben

Wie einfaches, zuversichtliches Gebet das Übernatürliche freisetzt; 216 S.; Paperback

Lange Zeit dachte Erica Willis, die ganzen übernatürlichen Erfahrungen, wie Prophetie, Heilung, Wunder usw., seien nur etwas für „Superchristen".

Bis Gott ihr einen Weg zeigte, wie sie trotz ihres Eingespanntseins in Familie, Beruf und Gemeinde ihre Beziehung zu ihm so vertiefen konnte, dass diese Erfahrungen ganz natürlich zu einem Teil ihres Lebens wurden.

In diesem Buch erzählt sie auf kurzweilige Art ihre Geschichte und Erlebnisse. Entstanden ist eine praktische Anleitung für alle, die sich nach einer tieferen Beziehung zum Heiligen Geist sehnen.

Ella Legan, Mache dich auf!

… und begegne dem Vaterherzen Gottes; 320 S.; Pb.

Sehnst du dich danach, mehr von Gott zu erleben und seine heilende Gegenwart zu erfahren?

„Mache dich auf!" ist die Einladung zu einer Reise ins Vaterherz Gottes. Gott sieht dich und deine Situation und will dir genau dort begegnen. Lass dich von Ella Legan auf diese 40-tägige Reise mitnehmen, die dem Weg der Israeliten aus der Knechtschaft in Ägypten zum Berg Gottes nachempfunden ist. 40 Begegnungen mit Jesus und dem Gott der Herrlichkeit warten auf dich.

Am Ende wirst du bereit sein, in dein eigenes Land der Verheißung weiterzuziehen. Mache dich auf!

Blake K. Healy, Durch den Schleier sehen

Eine Einladung in die unsichtbare Welt; 176 S. Pb.

Blake K. Healy sieht Engel und Dämonen seit seiner Kindheit – und zwar so klar wie natürlich sichtbare Dinge. Er sieht zum Beispiel Engel in Anbetungsgottesdiensten tanzen und Ermutigungsworte in die Ohren von Menschen flüstern, doch genauso sieht er auch Dämonen, die sich an Leute heften und so Abhängigkeiten, Lügen und Bitterkeit in deren Herzen und Gedanken aufrechterhalten.

In diesem Buch erzählt er einige dieser Begegnungen und wie er in dieser Gabe reifte und dabei die Angst und Verwirrung über die Dinge, welche er sah, überwand. Und ebenso, und wie er lernte, die Gabe des Sehens zu Gottes Verherrlichung zu nutzen und andere darin zu lehren.

„Ich wollte nicht, dass dieses Buch jemals endet!" (Bill Johnson)

Blake K. Healy, Vollkommen gut

Gott mit den Augen seiner Liebe sehen lernen; 184 S., Pb.

Auch in diesem Buch lässt uns Blake Healy daran teilhaben, was er in alltäglichen und speziellen Situationen im Geist sieht, sei es bei einer Gerichtsverhandlung, zu Hause, im Freibad, oder bei einem evangelistischen Einsatz. Doch schmerzhafter, als im Geist die klaffenden Wunden eines emotionalen Traumas oder dämonische Gebundenheit zu sehen, ist für ihn, *wenn die Güte Gottes von seinem Volk nicht in Anspruch genommen wird.*

Mit diesem Buch verfolgt er deshalb zwei Ziele: Er möchte anhand von drei Schlüsseln die *Gabe des Sehens im Geist in uns aktivieren,* und er möchte, dass wir dadurch *die Güte Gottes wiederentdecken.*

Blake K. Healy, Unzerstörbar

Führe deine geistlichen Kämpfe aus der Perspektive des Himmels; 192 S., Pb.

Welche Fallen und Taktiken wenden Dämonen an, und wie können wir diese meiden? Dieses Buch fasst zusammen, was Blake K. Healy in über dreißig Jahren über die Pläne des Feindes und ebenso die des Himmels gelernt hat.

Wir lernen, wie wir die Komplotte, Pläne und Lügen des Feindes aufdecken und abwehren können und gleichzeitig die Pläne des Himmel vorantreiben können. Sein Hauptanliegen ist dabei, dass wir den geistlichen Kampf nicht aus eigener Kraft, sondern aus der Perspektive des Himmels führen, und ein Leben aufbauen, das unzerstörbar ist.

Phil Mason, Quanten-Herrlichkeit

Die Wissenschaft von der Inbesitznahme der Erde durch den Himmel; 520 Seiten, Paperback

Quanten-Herrlichkeit erläutert auf eine äußerst spannende Weise die Zusammenhänge zwischen den faszinierenden Erkenntnissen der Quantenmechanik und der Herrlichkeit Gottes, die sich u. a. in Heilungswundern äußert.

Der erste Teil untersucht die subatomare Welt und enthüllt ihren außergewöhnlich komplexen göttlichen Plan, der die Genialität unseres Schöpfers offenbart.

Im zweiten Teil erklärt der Autor ausführlich, wie die Herrlichkeit Gottes in unser physisches Universum eindringt, um Wunder göttlicher Heilung zu bewirken.

Das Buch ist vollgepackt mit verblüffenden Erkenntnissen, aber mehr als das, ist es dazu bestimmt, uns für den übernatürlichen Dienst auszurüsten, damit wir die Herrlichkeit Gottes auf der Erde freisetzen, wie sie im Himmel ist!

Phil Mason, Die Ergründung des Herzens

Eine Einführung in die Herzensrevolution; 240 S., Pb.

Band 1 der Reihe „Übernatürliche Transformation"

Willkommen zur Herzensrevolution! Phil Mason bringt uns mit diesem Buch wieder mit dem Herzen Gottes – und somit auch unserem eigenen Herzen – in Verbindung. Begegnen wir der verschwenderischen Liebe des Vaters, erweckt sie in unserem Herzen eine neue Begeisterung und Leidenschaft.

Jesu Modell der Herzensverwandlung stützt sich nicht auf irdische Weisheit und Methoden. Er möchte, dass wir durch eine Begegnung mit der Herrlichkeit und Macht Gottes verwandelt werden.

Phil Mason, Das Wunder der Neuen Schöpfung

Die Grundlage der Herzensrevolution; 264 S., Pb.

Band 2 der Reihe „Übernatürliche Transformation"

Was genau passiert bei der Wiedergeburt eines Christen? Welche Segnungen gehen damit einher? Wie kommen wir dahin, vom Geist bestimmt zu werden? Und wie geschieht es, dass wir ganz heil werden und immer mehr Christus widerspiegeln?

Phil Mason legt die umfassende Grundlage dafür, dass jeder Christ die Tatsachen und Prozesse versteht, die uns zu siegreichen Christus-Nachfolgern machen. Das ist Voraussetzung für die Revolution, die Gott in seiner Gemeinde gerade in Gang bringt.

Henk Bruggeman

Das Herz des Vaters entdecken

Unsere Identität als Söhne und Töchter Gottes empfangen

200 S.; Paperback

Gott sehnt sich mehr denn je danach, seinen Kindern sein Vaterherz zu offenbaren. Er möchte, dass wir ihn nicht nur mit dem Kopf, sondern vor allem mit dem Herzen kennenlernen. Statt einer Distanziertheit soll eine innige Vertrautheit unsere Beziehung zu ihm prägen. Darüber hinaus möchte er uns aber eine neue Identität schenken: die Identität der Sohnschaft. Wir entdecken mehr und mehr, wie wir als echte Söhne und Töchter Gottes leben können.

Tommy Welchel und Michelle P. Griffith

Wahre Geschichten und Wunder der Azusa Street

Eine der größten Erweckungen der Geschichte, die heute wieder aktuell ist; 200 S., Pb.

Tommy Welchel besuchte in den 1960er-Jahren die Leute, die als Jugendliche wesentlich an einer der größten geistlichen Erweckungen beteiligt waren – der Azusa-Street-Erweckung. Sie erzählten ihm aus erster Hand, welche außergewöhnlichen Wunder und Heilungen sie damals erlebten, wenn sie für Menschen beteten.

Erst vor Kurzem gab Gott dem Autor die Erlaubnis, diese Geschichten in Buchform zu veröffentlichen. Inzwischen werden sie auf der ganzen Welt erzählt und die Folgen sind immer noch erstaunlich: Wunderbare Heilungen, übernatürliche Phänomene und Lösungen für das Unmögliche.

Frank Krause, Die neun Schleusen des Herzens

160 S., Paperback

Wie geschieht es, dass die Verheißung Jesu, dass aus unserem Innern Ströme von lebendigem Wasser fließen werde, wenn wir an ihn glauben, zu unserem normalen Erleben wird? Dass andere uns als Quelle und nicht als Zisterne, als Oase und nicht als Wüste wahrnehmen?

Als Frank Krause diese Frage vor Gott bewegte, ließ dieser ihn im Geist sein eigenes Herz sehen und durchwandern. Er zeigte ihm, dass unser Herz neun „Schleusen" hat, entsprechend den neun Aspekten der Frucht des Geistes.

Diese Schleusen wollen in uns geöffnet und freigesetzt werden, damit der Geist mit ganzer Kraft durch uns strömen kann und wir mit seiner Frucht überfließen. Nun können wir auch anderen helfen, diese Fülle zu erleben, sodass in der Folge echte Gemeinschaften der Heiligen entstehen.

Jonathan Welton, Die Schule der Seher

Eine praktische Anleitung, wie man ins Unsichtbare hineinsehen kann; 224 S.; Pb.; Vorwort von Randy Clark

Viele Christen haben angefangen, übernatürliche Phänomene zu erleben: Träume, (offene) Visionen, Engel oder Dämonen. Aber es mangelt ihnen an solider biblischer Lehre und sie sind zu dem geworden, was man als *Seherwaisen* bezeichnet: Sie suchen verzweifelt nach jemandem, der sie trainiert, ermutigt und freisetzt.

Das Ziel von Jonathan Welton war deshalb, ein praktisches Handbuch herauszubringen, das den Leib Christi mit den Informationen ausrüstet, die notwendig sind, um in der Dimension des Prophetischen bzw. des Sehers zu wachsen und im Leben im Übernatürlichen Reife zu erlangen.

Cornelia Weinmann, Jesus ruft seine Braut

Gottes Herzschlag für Deutschland entdecken

344 S., Paperback.

Wofür schlägt Gottes Herz, was ist die Berufung der Braut Christi in Deutschland und was könnte uns hindern, diese Berufung anzunehmen?

Dieses Buch entfaltet die atemberaubende Liebesgeschichte zwischen Gott und uns Menschen, wie sie im Hohelied angedeutet wird. Wir sind eingeladen, Jesu Braut zu sein! Insbesondere werden wir dabei auch den Herzschlag Gottes für Deutschland entdecken.

Sind wir von den Traumata der Vergangenheit befreit, können wir im Takt seiner Liebe in neugewonnener Leichtigkeit in eine neue Zukunft gehen. Der Ruf geht nämlich schon durch die Welt: „Seht, der Bräutigam kommt! Geht hinaus, ihm entgegen!" (Mt. 25,6).

Dr. Charity Virkler-Kayembe / Dr. Mark Virkler
Höre Gott durch deine Träume

Gottes Reden in der Nacht verstehen; 288 S., Pb.

In der Bibel finden wir sehr viele Beispiele für Gottes Reden durch Träume. Auch heute möchte er uns durch Träume wichtige Botschaften zukommen lassen. Doch beachten wir sie oft wenig oder wissen nicht, wie sie zu deuten sind.

Diesem Missstand möchte dieses Buches abhelfen. Die Autoren haben sehr viele Erfahrungen im Umgang mit Gottes Reden gesammelt. Das Buch ist ein praktischer, leicht verständlicher und biblischer Leitfaden, um die Sprache zu verstehen, die Gott in unseren Träumen benutzt.

Luc Niebergall, Eine zeitlose Reise

Wie ich den Himmel erkunden und meine Identität empfangen durfte; 144 S., Paperback

Ab dem Alter von 16 Jahren wurde Luc Niebergall eine unglaubliche „Reise" in die Herrlichkeit der Person Jesu zuteil. Nach acht Jahren Visionen, Träumen und himmlischen Begegnungen schrieb er einiges davon auf.

Dieses Buch ist ein Aufruf an die Söhne und Töchter Gottes, ihr volles Erbe zu empfangen, das darin besteht, in einer ewigen, intimen Beziehung zu Gott selbst zu leben. Begegnen wir der intimen Liebe Gottes, des Vaters, fällt die falsche Identität der Waisenschaft von uns ab. Wir werden zu siegreichen Söhnen und Töchtern, welche den Nationen Heilung und Wiederherstellung bringen.

Luc Niebergall

Einen prophetischen Lebensstil entwickeln

Werde zum Sprachrohr Gottes für die Welt!

120 S., Paperback

Als Söhne und Töchter Gottes haben wir die übernatürliche Fähigkeit erhalten, seine Stimme zu hören. Zu verstehen, wie er zu uns spricht, ist ein wesentlicher Faktor, um den Herrn als Freund zu kennen.

Der prophetische Dienst ist nicht wenigen Auserwählten vorbehalten, sondern für alle da. Gott erweitert unsere Fähigkeit zu verstehen, wie er mit uns spricht: durch sein (leises) Reden, durch Visionen, Träume und viele andere Wege. Gott weckt unsere geistlichen Ohren, sodass wir sein Sprachrohr für diejenigen sein können, denen er eine Begegnung mit seiner Liebe schenken möchte.

Luc Niebergall

Ganzheitlich siegreich leben

Wie wir in allen Lebensbereichen gegen die Angriffe des Feindes immun werden; 124 S., Paperback

Der geistliche Kampf scheint ein komplexes Thema zu sein. Luc Niebergall liegt daran, es zu entmystifizieren und einfach verständlich zu machen. Er stellt dazu praktische und geistliche Werkzeuge vor, die uns helfen, siegreich zu leben, was Körper, Seele und Geist angeht.

Somit wird unser ganzes Wesen unter die Herrschaft Jesu gebracht, anstatt dem Feind in irgendeiner Form Raum zu geben. Verstehen wir unsere königliche Identität, können wir den geistlichen Kampf aus einer Haltung der Ruhe, der Autorität und des Sieges führen.

Kevin Basconi, Mit den Engeln tanzen, Band 1

Die Grundlagen: Gottes Engel erkennen, einladen und beauftragen; 240 S.; Paperback

Mit diesem Buch stellt uns Kevin Basconi eine inspirierende, glaubensstärkende und praktische Anleitung zur Verfügung, wie ganz normale Gläubige mit Engeln zusammenarbeiten und sie sogar beauftragen können, um den Willen Gottes auszuführen.

Sein Buch ist voller spannender persönlicher Berichte, in denen er uns an seinem wachsenden Verständnis über das Wirken der Engel teilhaben lässt. Er erläutert, wie unsere Fähigkeit, Gottes Willen zu tun, dramatisch zunimmt, sobald wir mit Engeln zusammenwirken.

James Goll

Geistlich wahrnehmen und unterscheiden

Wie wir Offenbarungen empfangen, prüfen und anwenden können; 216 S.

James Goll erklärt, dass jeder Nachfolger Jesu geistliche Offenbarungen empfangen und prüfen kann, auch wenn einige als Propheten besonders begabt sind. Er legt präzise dar, wie wir unsere Sinne dem Heiligen Geist hingeben können, damit wir geistlich wahrnehmen können.

Und er erläutert, wie wir Offenbarungen prüfen, anwenden und letztlich verinnerlichen können, damit die Menschen sie nicht nur hören, sondern in uns sehen.

Für das vertiefte Studium ist ein Arbeitsbuch erhältlich.

James Goll, Die Gaben des Heiligen Geistes freisetzen; 216 S., Paperback

Der Heilige Geist demonstriert Gottes übernatürliche Kraft durch seine Gemeinde heute, indem seine Herrlichkeit auf globaler Ebene freigesetzt wird. Alle Gaben Gottes sind immer noch voll funktionsfähig, und jeder einzelne Gläubige ist dazu bestimmt, im Fluss Gottes zu leben und seine Bestimmung zu erfüllen.

James Goll zeigt auf, wie der Heilige Geist durch die neun bekanntesten Geistesgaben wirkt und wie wir sie unter Gottes Leitung für die Erfüllung des Missionsbefehls einsetzen können.

Anhand vieler anschaulicher Beispiele aus der Bibel und aus der Gegenwart lernen wir, wie geistliche Gaben in der Praxis funktionieren. Aber es geht in diesem Buch nicht nur darum, wie man seine geistlichen Gaben entdeckt oder empfängt, sondern wie man sie freisetzt und weitergibt!